Rolf-Bernhard Essig / Marei Schweitzer

Da wird doch der Hund in der Pfanne verrückt!

ROLF-BERNHARD ESSIG

Da wird doch der HUND in der Pfanne VERRÜCKT!

DIE LUSTIGEN GESCHICHTEN HINTER UNSEREN REDENSARTEN

illustriert von Marei Schweitzer

CARL HANSER VERLAG

Für Leif-Olaf und Christian

Vermittelt durch die Literatur- und Medienagentur
Ulrich Pöppl, München.

Der Inhalt dieses Buches wurde auf einem nach den Richtlinien des Forest Stewardship Council zertifizierten, holzfreien Papier der Papierfabrik Munkedal gedruckt.

Die Schreibweise in diesem Buch entspricht den Regeln der neuen Rechtschreibung.

Unser gesamtes lieferbares Programm und viele andere Informationen finden Sie unter www.hanser-literaturverlage.de

3 4 5 13 12 11 10 09

ISBN 978-3-446-23381-2

Umschlag: Marei Schweitzer
Satz im Verlag
Druck und Bindung: Tlačiarne BB, spol. s.r.o.
Printed in Slovak Republic

INHALT

Überraschung!

1. Redensarten für erstaunliche Momente

Der arme Hopf oder

DA WIRD DOCH DER HUND IN DER PFANNE VERRÜCKT

Es lebte einmal in alter Zeit ein Schelm, der hieß Till Eulenspiegel. Er liebte es, die Menschen auf den Arm zu nehmen und sich über sie lustig zu machen. Das ging einfach. Er musste nur ihre Worte besonders wörtlich nehmen.

Einmal arbeitete Eulenspiegel für einen Bauern in Einbek. Der befahl ihm, aus Gerste, Hopfen und Wasser Bier zu brauen, weil er in die Stadt musste. Der Bauer sagte: »Mein guter Eulenspiegel, pass auf, dass du beim Bierbrauen alles richtig machst! Besonders sorgfältig musst du den Hopfen kochen.« Nun hatte der Brauer einen Hund, der Hopf hieß. Da tat Eulenspiegel etwas Merkwürdiges. Er nahm nicht das Braugewürz, den Hopfen, sondern Hopf, den Hund, und warf ihn in die heiße Braupfanne, wo er verrückt hin und her sprang. Der Bauer war natürlich wütend, als er von diesem Streich erfuhr. Weil aber der Hund genauso hieß wie der Hopfen, konnte er Eulenspiegel nichts Schlimmes vorwerfen. Er jagte ihn nur von seinem Hof. Eulenspiegel machte sich aber nichts draus. Er wollte sowieso mehr von der Welt sehen.

Deswegen sagt man, wenn man sehr überrascht oder verärgert ist: »Da wird doch der Hund in der Pfanne verrückt!« So überlebt der arme Hopf wenigstens in der Redensart.

Ein tiefer Fall oder

AUS ALLEN WOLKEN FALLEN

Der kleine Frederick schaut aus dem Fenster und lacht die Sonne an. Keine Wolke am Himmel. Ein richtiger Bilderbuch-Sonntag! Frederick freut sich schon auf das Fußballspielen. Er hat nämlich eine wunderbare Idee, wie er heute den langen Leo austricksen könnte. Sein großer Bruder hat es ihm gezeigt: Man muss den Gegner mit einer doppelten Körpertäuschung überlisten. Frederick sieht es richtig vor sich, wie er an Leo vorbei zum Tor laufen wird. Ein Hochgefühl erfüllt ihn. Schnell zieht er sich die Fußballschuhe an und läuft die Treppe hinunter.
Als er seine Schwester und seine Eltern beim Frühstück sieht, stolpert er fast. Wieso sind die so früh wach? »Na, endlich ausgeschlafen, Fredi? Wo willst du denn mit den Fußballschuhen hin?« Frederick ärgert sich: »Auf den Fußballplatz natürlich! Gleich ist doch Training.« Die Mutter lacht: »Aber heute ist doch Montag. Du musst zur Schule! Hopphopp!« Frederick kommt es vor, als falle er aus allen Wolken. Das Hochgefühl weicht einer harten Landung in der Wirklichkeit. Tief betrübt zieht er die Fußballschuhe wieder aus. Was für ein blöder Tag!
So wie Frederick geht es vielen Menschen. Sie stellen sich etwas Schönes vor, ohne zu überprüfen, ob es wirklich möglich ist. Sie fühlen sich wie im Himmel, leben in einer Art Luftschloss. Dabei sehen sie die Wirklichkeit nicht, als wären um sie herum lauter Wolken. Deshalb sagt man über jemanden, der plötzlich einen großen Irrtum erkennt, »er fällt aus allen Wolken«.

Die Freude am Unsinn oder

BAUKLÖTZE STAUNEN

Wer überrascht ist, reißt die Augen auf. Das nennt man dann Glotzen. Es klingt ein wenig wie Klotzen. Ein Klotz ist ein großes Stück Holz, eigentlich ein Baumstumpf. Auf dem konnte man Holz oder Fleisch hacken. Ein kleiner Klotz heißt Klötzchen. Kinder spielen damit und staunen über die immer neuen Bauwerke, die man damit errichten kann. Ob man deshalb sagt: »Da staunst du Bauklötze«? Oder vergleicht man die aufgerissenen Augen, die glotzen, mit den Klötzchen? Oder sind die offenen Augen so groß wie ein Bauklötzchen? Oder hat sich jemand einfach ein lustiges Bild ausgedacht? Das wäre dann auch erstaunlich. Soll ich ehrlich sein? Ich staune selbst über die Redensart. Niemand kann sie besonders überzeugend erklären. Das ist gar nicht so selten der Fall. Man weiß auch nicht genau, warum man jemanden ins Bockshorn jagt. Es gibt zwei Dutzend Erklärungen dafür. So geht es manchmal, wenn Ausdrücke sehr alt sind oder plötzlich entstehen. Ich finde das nicht schlimm. Im Gegenteil! Manchmal überlege ich mir einfach selbst neue Redensarten. Dann sollen die anderen Bauklötze staunen, was ich da Tolles sage. Versuch es doch auch einmal!

Unverhofft kommt oft oder

WIE DIE JUNGFRAU ZUM KIND KOMMEN

In Nazareth lebte vor zweitausend Jahren eine junge Frau mit Namen Maria. Sie war eigentlich ganz normal. Nur betete sie für ihre Jugend erstaunlich viel. Ein älterer Mann mit Namen Joseph hatte ein Auge auf sie geworfen. Er wollte sie heiraten. Maria fand das in Ordnung.

Eines Tages stand plötzlich ein junger Mann in ihrem Zimmer. Er sah glänzend aus. Er strahlte richtig und sagte: »Gegrüßet seist du, Maria!« Dann erzählte er, dass sie den Sohn Gottes zur Welt bringen werde. Maria traute ihren Ohren nicht. Sie fragte: »Wie sollte das denn möglich sein? Ich habe noch nie mit einem Mann geschlafen. Ich bin noch Jungfrau.« Der junge Mann sagte, er sei ein Engel und bei Gott sei nichts unmöglich. Dann verschwand er wieder.

Ein paar Wochen später bemerkte Maria, dass sie wirklich schwanger war. Was für eine Überraschung! Sie wusste nicht, wie es passiert war. Da dachte sie an den Engel. Sie ging zu Joseph und sagte ihm: »Lieber Joseph, Gott hat mich ausgesucht. Ich soll seinen Sohn zur Welt bringen. Deshalb bin ich schwanger, obwohl ich eine Jungfrau bin.« Joseph fand das ebenfalls sehr überraschend. Er liebte Maria jedoch und vertraute ihr. So kam es, dass einige Monate später im Stall von Bethlehem Jesus Christus von einer Jungfrau geboren wurde. Joseph stand dabei seinen Mann, obwohl er nicht der Vater war.

Die Geschichte aus der Bibel ist millionenfach erzählt worden.

Wegen ihr hat sich die Redensart gebildet »zu etwas kommen wie die Jungfrau zum Kind«. Das sagt man, wenn einem etwas überraschend in den Schoß fällt. Oder wenn man etwas ohne eigenes Zutun erhält.

Der König amüsiert sich oder

DA BRAT MIR EINER 'NEN STORCH!

Eines Tages befahl der König seinem Koch: »Brat mir einen Storch!«
Der Koch traute seinen Ohren nicht. »Was, Euer Majestät? Ich soll einen Storch braten? Wisst Ihr nicht, dass schon in der Bibel steht, dass man ihn nicht essen darf? Und außerdem ist er ein Glücksbote. Alle freuen sich, ihn zu sehen. Manche meinen sogar, er bringe die Kinder. Und da soll ich Euch einen braten?«
Der König lachte laut und lang. Dann sagte er: »Mit dir kann man sich aber leicht einen Spaß machen! Ich weiß doch wie du, dass man niemals Störche brät. Wegen der Bibel, wegen des Glücks und wegen der Kinder! Deshalb sagt man doch: Da brat mir einer 'nen Storch! Weil es so abwegig ist und eigentlich nie vorkommt.« Da seufzte der Koch erleichtert. »Und was wollen Euer Majestät dann essen?« – »Nur eine klare Gemüsebrühe. Ich hab ja noch Bauchschmerzen vom Lachen.«

Die schlimme Übelkeit oder

MAN HAT SCHON PFERDE KOTZEN SEHEN

Ein Pferd hatte sich mit einem Hund angefreundet. Wenn seine junge Reiterin einen Ausritt machte, lief der Hund immer mit. Was das Mädchen auf dem Pferd nicht wusste: Die beiden Tiere konnten sich unterhalten. Wenn der Hund jaulte, klang es zwar nicht nach Wiehern. Und wenn das Pferd schnaubte, klang es nicht nach Bellen. Sie verstanden sich aber trotzdem ganz gut.
Eines Tages ließ das Pferd den Kopf tief hängen. Das Mädchen streichelte seinen Hals und fragte: »Was ist nur mit dir los?«
»Jau!«, jaulte der Hund. »Was ist nur mit dir los?«
»Mir ist so schlecht!«, schnaubte das Pferd.

»Hm, hm«, winselte der Hund. »Also, wenn mir schlecht ist, dann kotze ich einfach. Danach ist mir besser.«
Das Pferd schüttelte den Kopf und schnaubte traurig: »Das täte ich auch gern, aber es geht nicht. Weißt du nicht, dass wir Pferde nicht kotzen können? Das Futter geht nur in eine Richtung.«
Der Hund schüttelte den Kopf und winselte: »Kein Kotzen?«
»Kein Kotzen!«, schnaubte das Pferd.
Da meinte das Mädchen: »Wahrscheinlich ist dir schlecht. Ich werde mal die Tropfen gegen Übelkeit holen.«
Der Hund sah dem Mädchen nach und sagte: »Mädchen sind nie böse zu Pferden, glaube ich.«
Das Pferd wieherte leise: »Das denke ich auch. Aber es ist nicht so selten wie das Kotzen bei Pferden. Wusstest du, dass die Menschen deshalb sagen: ›Man hat schon Pferde kotzen sehen‹?«
»Und was heißt das?«, fragte der Hund.
»Das sagt man, wenn man etwas für sehr, sehr unwahrscheinlich hält. Oder für unmöglich.«
»Da kommen die Tropfen«, sagte der Hund. »Wohl bekomm's!«
Und tatsächlich konnten die drei am Nachmittag schon wieder einen kleinen Ausflug machen.

Steif und fest oder

ZUR SALZSÄULE ERSTARREN

(Es sieht aus) Wie Sodom und Gomorrha

In der Bibel steht die Geschichte der Städte Sodom und Gomorrha. Ihre Bewohner waren so böse, dass es sprichwörtlich wurde. Noch heute sagt man, wenn einem etwas schrecklich und unordentlich vorkommt: »Das sieht hier aus wie Sodom und Gomorrha!« Die Bibel erzählt auch davon, wie Gott die beiden Städte zerstören will. Nur ein Mensch soll mit seiner Familie überleben. Das ist Lot. Gott schickt Engel zu ihm. Sie befehlen Lot: »Geh fort von hier. Gott wird einen Regen aus Feuer und Schwefel fallen lassen und die Städte vernichten. Wenn ihr flieht, dürft ihr euch auf keinen Fall umsehen! Was immer ihr hört: Schaut euch nicht um!«

Lot schärft es allen in seinem Haus ein. Dann brechen sie auf. Hinter ihnen geht die Zerstörung los. Es kracht und zischt, die Menschen schreien. Da blickt sich Frau Lot um. Ob sie voller Mitleid ist? Ob sie nur Neugier spürt? Was sie wohl sieht? Jedenfalls wird sie in dem Moment starr vor Schreck und ist tot.

In der Bibel steht, Frau Lot sei zu einer Salzsäule erstarrt. Der Ausdruck kommt vom alten Salzhandel her. Um es leichter transportieren zu können, presste man es in Stangenform. So starr wie diese Stangen aus Salz ist Frau Lot.

Und wegen dieser Geschichte sagt man heute zu jemandem, der stocksteif dasteht oder sehr erschrocken ist: »Du bist ja zur Salzsäule erstarrt.«

Ganz schön blöde!

2. Redensarten über Dummheit und Unverständnis

Wie die Bärchen gut in Form kommen oder

JEMAND IST UNBELECKT

Über die Bären wusste man vor vielen Hundert Jahren nicht viel. Sie lebten ja in den tiefen Wäldern und waren scheu. Mit den Menschen wollten sie nichts zu tun haben. Manchmal sah man aber eine Bärenmutter mit ihren neugeborenen Jungen auf einer Lichtung spielen. Dann musste man sehr vorsichtig sein. Mit einer Bärenmutter ist nicht gut Kirschen essen, wenn sie sich bedroht fühlt. Sie ist eben sehr liebevoll. Das sah man auch daran, wie sie ihre Bärchen abschleckte. Die Jungen sahen noch gar nicht aus wie ihre Mutter: ganz rund und pelzig, so dass man kaum die Beine und den Kopf erkennen konnte. Da dachten die Menschen, die kleinen Bären kämen als formlose Klumpen auf die Welt. Die Bärenmutter leckte sie dann so lange, bis ihre Zunge die Jungen richtig in Form gebracht hatte.
So kam es, dass man zu einem groben, unhöflichen Menschen sagte: »Du bist unbeleckt!« Heute bedeutet es auch einfach, dass jemand von einer Sache keine Ahnung hat.

Bei Nacht und Nebel oder

VON TUTEN UND BLASEN KEINE AHNUNG HABEN

Es war in der Zeit, als die Straßen nachts noch dunkel waren. Fackeln waren teuer und gefährlich, denn die meisten Häuser waren aus Holz und die Dächer oft strohgedeckt. Damals suchte man im Ort Burghaig einen Nachtwächter. Da kam der alte Oskar zum Bürgermeister und sagte: »Ich will Nachtwächter werden!« Der Bürgermeister fragte ihn: »Bist du denn nicht zu alt dafür? Kannst du die ganze Nacht aufbleiben? Wenn ein Feuer ausbricht oder ein Bote kommt oder der Feind, dann musst du laut in dein Signalhorn blasen.« Oskar meinte: »Ach, die alte Tute werde ich schon blasen können.« So wurde er angestellt. Und tatsächlich machte er seine Sache gut: Als einmal aus Versehen ein Strohsack angezündet und auf die Straße geworfen wurde, warnte Oskar alle mit dem Signalhorn. Schnell schüttete man ein paar Eimer Wasser auf den Strohsack und löschte das Feuer. Am Morgen danach sagte der Bürgermeister zu seiner Frau: »Besonders klug ist Oskar nicht. Aber von Tuten und Blasen hat er eine Ahnung.« Weil man nur wach bleiben und das Signalhorn blasen können musste, hielten die meisten Menschen die Nachtwächter eher für dumm. Und wenn man jemanden als vollkommenen Dummkopf beschimpfen wollte, sagte man: »Du hast von Tuten und Blasen keine Ahnung.« Das hieß: »Du taugst nicht einmal zum Nachtwächter.«

Der Zug im Ohr oder

ICH VERSTEH' NUR BAHNHOF

Vor knapp hundert Jahren gab es einen großen Krieg. Deutschland und Österreich kämpften mit fast ganz Europa und Russland dazu. Am Anfang marschierten viele deutsche Soldaten fröhlich in die Schlacht. Sie glaubten fest an den Sieg. Ein halbes Jahr nach Kriegsbeginn war keiner mehr fröhlich. Die Kriegsgegner waren fast gleich stark. Niemand konnte gewinnen, aber beide Seiten kämpften weiter. Und immer mehr Soldaten starben. Da dachten die überlebenden Soldaten nur noch an eines: an die Eisenbahn, die sie vom Schlachtfeld nach Hause bringen würde. Egal was jemand zu ihnen sagte, sie antworteten oder dachten unentwegt: »Bahnhof!« Sie sagten es auch oft: »Ich verstehe nur noch Bahnhof!« Sie wollten eben nur das verstehen, wonach sie sich sehnten. Alles andere verstanden sie nicht.
Und so sagt man seit damals »Ich verstehe nur Bahnhof«, wenn man jemanden überhaupt nicht verstanden hat oder nicht verstehen will.

Augen zu und drüber oder

EINE ESELSBRÜCKE BENÖTIGEN/BAUEN

Die Eselin wollte keinen Schritt mehr weiter. Der gallische Händler Transportix redete ihr gut zu, aber sie blieb vor der Brücke stehen. Dabei führte die nur über ein Flüsschen, das zehn Meter tiefer floss. Transportix stöhnte: »Wieder eine Eselsbrücke bauen!« Er nahm vom Rücken seiner Eselin drei Binsenmatten und legte sie nacheinander auf die Brücke. Jetzt versuchte er es noch einmal. Tatsächlich trappelte die Eselin vergnügt hinüber. Transportix rollte die Binsenmatten wieder auf. Während er sie auflud, murmelte er: »Dummes Tier. Bloß, weil du durch die Zwischenräume die Tiefe siehst, magst du nicht über die Brücke. Siehst du sie wegen der Matten nicht mehr, gehst du ohne Zögern.«

Wegen solcher Geschichten, die in der Antike jeder kannte, sprach man von einer Eselsbrücke, wenn man jemandem helfen musste, obwohl es eigentlich unnötig war. Das übertrug man später auf Merksätze für nicht so kluge Menschen, die man ja auch als Esel bezeichnet.

Eine bekannte Eselsbrücke heißt: »Geh du alter Esel!« Mit den Anfangsbuchstaben der Wörter dieses Merksatzes G, D, A, E konnte man sich die Stimmung der Geigensaiten merken. Die tiefste war auf ein G gestimmt, dann kam die D-Saite, die A-Saite und schließlich die E-Saite. »Geh du alter Esel« ist also eine Eselsbrücke für menschliche Esel, in der auch noch ein Esel vorkommt.

Wie man eine Kanone unschädlich macht oder

VERNAGELT SEIN

Es fand einmal vor zweihundert Jahren eine große Schlacht statt. Mit Kanonen schoss man auf beiden Seiten weit in die Armeen hinein. Da ritt ein Trupp Soldaten auf seinen Pferden direkt auf die feindlichen Kanonen zu. Viele starben bei diesem Angriff, aber die anderen konnten die Männer an den Geschützen vertreiben. Jetzt taten die Reiter etwas Seltsames. Jeder fischte aus seiner Satteltasche einen langen, dicken Nagel und einen Hammer heraus. Dann suchte sich jeder eine Kanone aus und schlug mit aller Kraft den Nagel in das Zündloch.
Da kamen die Gegner. Es waren so viele, dass die Reiter rasch flohen. Doch als die Feinde mit den Kanonen auf sie schießen wollten, ging es nicht. Das Zündloch war ja verstopft. So konnte das Pulver in der Kanone nicht entzündet werden und die Kugel nicht aus dem Geschützlauf fliegen. Damit waren die Kanonen in der Schlacht nutzlos. Es dauerte einfach viel zu lang, die festgeschlagenen Nägel wieder auszubohren.
Und wegen dieses militärischen Tricks sagt man heute zu jemandem, der nichts begreift, dem nichts mehr einfällt, der nichts sagt: »Der ist vernagelt.« Es kommt ja nichts aus ihm heraus – wie bei der vernagelten Kanone.

Eine seltsame Kur oder

JEMANDEM DIE WÜRMER AUS DER NASE ZIEHEN

Was taten kranke Menschen eigentlich früher, als es noch keinen Arzt gab? Sie gingen auf den Jahrmarkt. Dort gab es nämlich Leute, die sich auf Krankheiten verstanden. Man hielt sie für Ärzte, weil sie behaupteten, sie könnten alle Leiden vertreiben. Damit niemand an ihren Fähigkeiten zweifelte, heilten sie auf offener Bühne. Sie legten einfach auf zwei große Holzböcke ein paar Bretter und stellten darauf einen Stuhl. Auf den musste sich der Kranke setzen. Der Heiler stellte sich daneben. Dann fragte er nach den Leiden, und manchmal untersuchte er den Kranken auch. Dabei erklärte er die ganze Zeit laut, was er gerade machte.

Bei einem Menschen mit Kopfschmerzen erkannte er die Ursache gleich: Es lag an den Würmern im Kopf.

Um sie herauszupulen, nahm der Heiler einen langen Draht, oft mit einer Schlinge versehen. Er steckte ihn dem Kranken in die Nase. Der beugte seinen Kopf immer weiter nach hinten über die Stuhllehne. Das half ihm und den Würmern aber nichts. Der Heiler zog langsam dem armen Menschen einen ekligen, sich windenden Wurm aus der Nase. Manchmal holte er sogar zwei heraus.

Die widerlichen Würmer zeigte der Heiler allen Zuschauern, die wild Beifall klatschten. Der Geheilte holte tief Luft, nieste,

putzte sich die Nase mit dem Ärmel, schüttelte sich und hatte meistens keine Kopfschmerzen mehr.

Die Behandlung war aber bloß ein Trick. In Wirklichkeit kam das Kopfweh nicht wegen der Würmer im Kopf. Die hatte der Betrüger vorher im Ärmel seiner Jacke versteckt. Wenn er mit dem Draht in der Nase herumsuchte, dann ließ er einen Wurm geschickt aus dem Ärmel rutschen und steckte ihn heimlich auf den Draht. Damit sah es so aus, als zöge er den Wurm aus der Nase.

Obwohl die betrügerischen Heiler den Menschen etwas vormachten, halfen sie ihnen trotzdem oft. Manche Schmerzen vergehen einfach, wenn man nur fest an die Heilung glaubt.

Den Trick mit den Würmern wendeten damals viele angebliche Ärzte an. Und weil es so seltsam aussah, erzählten sich die Menschen oft davon. Das legte eine lustige Übertragung nahe. Man verglich Gedanken, die nicht aus dem Kopf herauswollten, mit den Kopfwehwürmern, die der Heiler aus dem Kopf holte. Man sagte einem, der auf Fragen nur zögerlich antwortete, also: »Nun lass dir doch nicht alle Würmer einzeln aus der Nase ziehen!« Oder es hieß einfach: »Ich hab ihm die Antworten aus der Nase ziehen müssen.« Und so sagt man es noch heute.

Gute und schlechte Verbindungen oder

EINE LANGE LEITUNG HABEN

Auf der Leitung stehen / Auf Draht sein /
Einen guten Draht haben / Einen heißen Draht haben

Früher hatten alle Telefone eine Leitung aus Draht. Da hindurch konnte man mit Hilfe von Strom die Sprache übertragen. Vor gut hundert Jahren wirkte so ein sprechender Draht wie ein Wunder. Klar, dass man viel über ihn sprach. Bald stellte man sich auch das Gehirn wie einen Apparat mit Leitungen vor. In denen sausten die Gedanken wie die Wörter im Telefondraht hin und her.
Wenn jemand lange Zeit braucht, um etwas zu verstehen, sagt man deshalb: »Du hast aber eine lange Leitung!« oder »Du stehst wohl auf der Leitung«. Und wenn jemand alles immer gleich versteht und blitzschnell denkt, sagte man: »Du bist aber auf Draht!« Wenn sich zwei Menschen prima verstehen, heißt es: »Sie haben einen guten Draht zueinander« oder »Sie haben einen heißen Draht«.

Schwarz wie die Nacht oder

EINEN BLACKOUT HABEN

Der Vater kam vom Einkaufen zurück. »Wo sind denn die Kartoffeln?«, fragte die Mutter. Der Vater fing an zu suchen. Dann sagte er: »Mist! Da hab ich wohl einen Blackout gehabt.« Sein Sohn Bruno rief: »Was hast du gehabt?« Seine Schwester Antonia erklärte: »Das ist Englisch. Black heißt schwarz und out heißt aus.« – »Papa hat einen Schwarzaus gehabt?«, fragte Bruno verwundert.

»Na ja«, meinte der Vater, »das heißt ›etwas vergessen‹. Es kommt vom Stromausfall, glaube ich. Dann ist alles ganz dunkel.« Antonia fand das komisch: »Wieso heißt es dann nicht nur Schwarz, sondern Schwarzaus?« – »Das kommt eigentlich aus dem Theater«, sagte die Mutter. »In England hat man vor hundert Jahren das elektrische Licht als besonderen Effekt benutzt. Vor einer Pause hat man zum Beispiel einen Witz gemacht und dann schlagartig alle Lichter der Bühne gelöscht. Das hieß Blackout, weil mit dem Schwarz der Bühne die Szene aus war. Damit hatte das Publikum auch ein Zeichen, dass es jetzt klatschen durfte.« Plötzlich schrie Bruno vom Flur her. »Papa hatte wirklich einen Blackout. Er hat die Kartoffeln neben dem Kofferraum stehen lassen.«

Blitzgescheite Superhirne!

3. Redensarten über Klugheit, List und Erfahrung

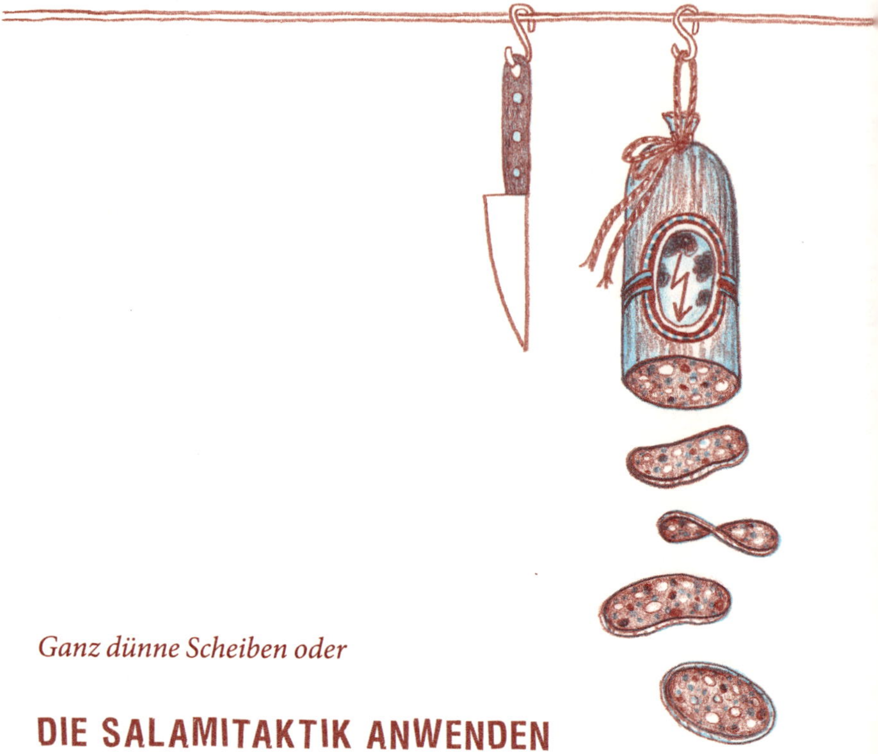

Ganz dünne Scheiben oder

DIE SALAMITAKTIK ANWENDEN

In Italien erfand man eine prima Wurst. Sie heißt Salami. Eine wirklich gute Salami ist nicht nur schmackhaft, sondern auch ziemlich fett und oft teuer. Deshalb schneidet man sie immer in hauchdünne Scheiben, wenn man sie serviert.

Das führte zu der Redensart »die Salamitaktik anwenden«. Man meint damit, dass man jemandem etwas sehr vorsichtig beichtet. Man serviert eine unangenehme Wahrheit nach und nach, nur scheibchenweise, wie eine Salami. Auf diese Art will man plötzliche Wut vermeiden. Das ist klug, klappt aber nicht immer.

Nicht mehr ganz Ohr oder

EIN SCHLITZOHR SEIN

Der Richter sprach sein Urteil mit lauter Stimme: »Am fünften Mai des Jahres 1646 verkünde ich: Der Schmied mit Namen Jakob ist ein Betrüger. Er hat fünf Pferde mit schlechten Hufeisen beschlagen. Vor allem aber hat er sechs Frauen in den Nachbarorten die Ehe versprochen, obwohl er längst verheiratet ist. Zur Strafe und damit jeder sieht, dass der Schmied Jakob ein betrügerischer Mensch ist, wird ihm nun das Ohr geschlitzt!«
Kaum waren die Worte verklungen, trat der Scharfrichter vor und näherte sich dem gefesselten Schmied. Der zeigte sich tapfer und stolz. Er schrie nicht einmal, als der Scharfrichter das scharfe Messer mit einem raschen Schnitt durchs Ohrläppchen führte. Nun ließ man ihn frei. Das Blut tropfte auf seine Schulter.
»Macht nichts!«, dachte der Schmied. »Ich lasse mir die Haare lang wachsen. Das mögen die Frauen auch! Und der Schlitz darunter ist nicht mehr zu sehen.«
Wegen dieser alten Bestrafung der Betrüger sagt man heute noch zu einem listigen, besonders raffinierten Menschen: »Du bist ein Schlitzohr!« Früher war es nur ein Schimpfwort, aber heute verwendet man es oft mit Augenzwinkern als Lob.

Der gute Rat oder

EIN ALTER HASE SEIN

Ein Angsthase sein

Ein trüber Sommertag ging zu Ende. Da trafen sich die Hasen auf einer Lichtung im Wald: sehr viele ganz junge, alle ihre Eltern und auch ein paar ältere Hasen. Es waren sicher zweihundert. Die Hasen versammelten sich, weil sie unglücklich waren. Der erste Hase sprach: »Immer müssen wir davonlaufen! Der Fuchs jagt uns. Der Wolf jagt uns. Der Mensch jagt uns.« Die anderen stimmten zu. Ein zweiter Hase klagte: »Und dann nennen sie uns auch noch Angsthasen. Dabei müssen wir stets aufmerksam sein. Fliehen wir nicht, fängt man uns. Auf Schritt und Tritt lauern Fallen.« Ein älterer Hase sagte: »Jede Häsin bringt ab dem Frühjahr viele, viele Jungen zur Welt. Im Herbst muss sie froh sein, wenn nur ein paar davon noch über die Wiesen hüpfen. Was ist das für ein Leben?« Die meisten Hasen weinten. Es schien so, als gäbe es überhaupt nichts Gutes mehr. Da sprach schließlich ein Hase: »Wir wollen diesem Leiden ein Ende bereiten. Wir gehen alle zum See und ertränken uns!« Die Hasen nickten, und einige riefen: »Besser ein Ende mit Schrecken als ein Schrecken ohne Ende!«
Zweihundert Hasen hoppelten also Richtung See. Der lag nicht weit vom Wald entfernt. Inzwischen herrschte Dämmerung. Am Seeufer quakten die Frösche zufrieden. Da kamen die Hasenscharen. Sie machten ein Geräusch, wie man es noch nie gehört hatte: ein großes Trappeln und Rascheln und Scharren.

Die Frösche erschraken fürchterlich. Zu Dutzenden sprangen sie in den See: plitsch-platsch-platsch-plitsch.
Als die Hasen das hörten und sahen, hielten sie an. Viele lachten über die komischen Sprünge der fliehenden Frösche. Da sagte ein alter Hase: »Freunde, seht genau hin! Es gibt Tiere, die selbst vor uns Angst haben!« Die zweihundert Hasen wunderten sich. Das hätten sie nie gedacht. Der alte Hase sprach weiter: »Den Fröschen geht es vielleicht noch schlechter als uns. Sie springen davon, wenn sie uns nur hören. Aber habt ihr sie vorher fröhlich quaken hören? Die Frösche beweisen uns: Irgendjemandem geht es immer noch schlechter als einem selbst. Es gibt kein Leben ohne Angst und Tod. Aber es gibt doch schöne Seiten. Wir sind dumm, dass wir uns töten wollen! Lasst uns lieber den schönen Sommerabend genießen! Das Gras hier am Seeufer ist besonders grün und saftig.« Da lachten die Hasen über sich selbst und freuten sich und spielten miteinander. Viele riefen: »Es lebe der alte Hase!«
Und weil man sich diese Geschichte vor Jahrhunderten immer wieder erzählt hat, sagt man zu einem erfahrenen und weisen Menschen noch heute: »Das ist ein alter Hase!« Es hat aber auch damit zu tun, dass man einen alten Hasen für sehr klug hält, weil er all seine Feinde so lange schon überlistet hat.

Besser als Augen oder

ETWAS AUF DEM SCHIRM HABEN

Immer mehr Menschen wollen mit dem Flugzeug fliegen. Sie wollen in den Urlaub oder zu Geschäftspartnern nach Übersee. Wenn man zum Himmel schaut, sieht man fast immer irgendwo ein Flugzeug. Oder zwei. Oder drei. Oder ganz viele. Damit die nicht zusammenstoßen, gibt es Fluglotsen. Sie sitzen in einem Raum und haben vor sich einen Bildschirm. Darauf sehen sie alle Flugzeuge in ihrem Luftraum. Sie sehen auch, wie hoch die fliegen und wie schnell. Die Fluglotsen leiten die Piloten mit Funksprechgeräten sicher auf ihrem Weg. Wie das geht? Seit vielen Jahrzehnten sorgt das Radargerät dafür, dass man auf weite Entfernungen Gegenstände aus Metall auf einem Bildschirm erkennen kann.
Das Radargerät erlaubt eine sehr gute Kontrolle auf weite Entfernung. Und deshalb sagt man heute, wenn man eine Sache besonders beachtet: »Ich hab das auf dem Schirm.« Mit dem Computer hat es nichts zu tun.

Schussbereit oder

ETWAS AUF DER PFANNE HABEN

Gewehre waren vor fünfhundert Jahren sehr umständlich zu bedienen: Man musste zuerst den Lauf reinigen, dann stellte man das Gewehr senkrecht und füllte Pulver aus dem Vorratshorn oben in den Lauf. Als Nächstes steckte man einen Pfropfen aus Stoff und eine Kugel hinein. Mit dem Ladestock musste man die beiden Sachen fest in den Lauf stopfen. Nun nahm man das Gewehr waagrecht und spannte den Hahn. Als Letztes schüttete man noch einmal Pulver an einen Ort beim Zündschloss, der sich Pulverpfanne nannte. Jetzt erst war man schussbereit. Das Ganze konnte bis zu einer Viertelstunde dauern.

Daraus entwickelte sich die Redensart »etwas auf der Pfanne haben«. Wenn jemand Pulver auf der Pfanne hatte, konnte er losschießen. Man meinte zuerst damit »etwas wissen« oder »etwas sagen können«. Später bedeutete es, dass jemand sehr viel Wissen und Fähigkeiten besaß.

Genau in die Mitte oder

DEN NAGEL AUF DEN KOPF TREFFEN

Das hat keinen Zweck

In einer kleinen Stadt fand einmal ein großes Schützenfest statt. Als Erstes trat der kluge Markus an. Er war der beste Bogenschütze im Ort. Er nahm seinen besten Pfeil. Er zielte genau und ließ die Sehne singen. Der Pfeil flog geradewegs auf die Zielscheibe zu und traf genau in die Mitte. Das konnte man sofort sehen, denn der Pfeil blieb nicht stecken. Er prallte ab und fiel zu Boden, weil man die Zielscheiben früher mit einem Nagel in der Mitte befestigte. Und deshalb heißt es heute, wenn jemand etwas Richtiges gesagt hat: »Du hast den Nagel auf den Kopf getroffen.« Den Nagel nannte man übrigens auch Zweck, so wie die Reißzwecke. Weil man auf den Zweck zielte, war er natürlich wichtig. Später sagte man auch zum Ziel einer Handlung oder eines Gedankenganges »Zweck«. Heute denkt aber niemand mehr an einen Nagel, wenn man sagt: »Das hat doch keinen Zweck.«

Der kahle Alltag und die haarige Chance oder

DIE GELEGENHEIT BEIM SCHOPF PACKEN

Im alten Griechenland stellte man sich das Leben als eine sehr zufällige Sache vor. Man wusste ja, dass nicht immer der klügste und der beste Mensch den größten Erfolg hatte. Es kam oft auf den Zufall an, zur richtigen Zeit am richtigen Ort zu sein. Für diese Tatsache dachten sich die Griechen ein schönes Bild und einen interessanten Gott aus.

Der Gott hieß Kairos. Das bedeutete »günstige Gelegenheit« oder »richtiger Augenblick«. Der Gott sah aus wie ein schöner Jüngling, hatte Flügel und geflügelte Schuhe. Besonders ungewöhnlich war sein Kopf. Nur auf der Stirn hatte er eine lange und dicke Strähne Haare. Sonst war er ganz kahl.

Immer wieder begegnete der Gott den Menschen. Doch weil er Flügel und Flügelschuhe hatte, eilte er oft rasch und unbemerkt vorbei. Ergriff man aber im richtigen Augenblick seine Haare, dann trug er einen zum Erfolg empor. Verpasste man den Moment, sah man nur noch seine Glatze, die keinen Halt bot.

Kairos war also die günstige Gelegenheit in Person. Und weil man so eine dicke Strähne wie die des Kairos auch Schopf nennt, sagt man »die Gelegenheit beim Schopf packen«. Das bedeutet, man ergreift im richtigen Augenblick eine Chance und zögert nicht so lange, bis es zu spät ist.

Vorsicht ist klug oder

SICH IN DIE HÖHLE DES LÖWEN WAGEN

Der Löwe war alt geworden und konnte keine Beute mehr jagen. Da hatte er eine Idee. Er ließ die Botschaft verbreiten, er sei krank und werde bald sterben. Alle Tiere, so bat der Löwe, sollten zu ihm, ihrem König, kommen. Er wolle sich von ihnen verabschieden. Die meisten kamen zur Höhle des Löwen und gingen mit Geschenken hinein.

Zuletzt kam auch der Fuchs zum Eingang der Höhle. Der Löwe sah ihn von drinnen. Mit schwacher Stimme sprach er: »Bist du auch spät, so bist du mir willkommen. Tritt näher, lieber Fuchs.«

Der Fuchs zögerte. Dann sagte er: »Wie kommt es, dass so viele Spuren in die Höhle hineinführen, aber keine einzige heraus? Verzeih, lieber König Löwe, aber ich kann mir das nicht recht erklären. Weil ich so dumm bin, will ich dich nicht mit meiner Anwesenheit stören.«

Natürlich hatte der Fuchs begriffen, dass der Löwe nur tat, als sei er krank. Er hatte jedes Tier, das in seine Höhle gekommen war, gefressen. Die Beute war ihm geradewegs ins Maul spaziert. Weil der Fuchs erkannte, wie gefährlich dieser Ort war, blieb er lieber draußen.

Wegen dieser alten Fabel bildete sich die Redensart für eine tollkühne Tat heraus: »Sich in die Höhle des Löwen wagen«.

Eine schmerzhafte Gedächtnisstütze oder

SICH ETWAS HINTER DIE OHREN SCHREIBEN

Hannes war ganz aufgeregt. Heute sollte er sein erstes Geld verdienen. Der Bürgermeister und der Beauftragte für die Grenze holten ihn am Morgen ab. »Pass gut auf, lieber Hannes, damit du dir alles merkst«, sagte der Bürgermeister. Sie gingen auf die Felder. Dort gruben zwei Arbeiter ein tiefes Loch und setzten einen Stein hinein. Der Stein markierte die Grenze zwischen zwei Feldern.

»Siehst du, lieber Hannes. Dort ist der Stein. Kannst du dir das merken?« – »Ja, bestimmt!«, sagte Hannes. Da gab ihm der Grenzbeauftragte plötzlich eine Ohrfeige. Hannes erschrak sehr. Doch gleich gab ihm der Bürgermeister zwei kleine Geldstücke. »Es tut mir leid, wenn du dich erschreckt hast. Aber so machen wir das immer. Wir nehmen einfach einen aufgeweckten Jungen mit und zeigen ihm die Stelle mit dem Grenzstein. Wenn er dann ganz unerwartet einen Schlag bekommt, vergisst er die Stelle sein ganzes Leben lang nicht. Wir nennen das ›jemandem etwas hinter die Ohren schreiben‹.«

Und wegen dieses Brauchs sagt man noch heute, wenn sich jemand etwas merken soll: »Schreib dir das hinter die Ohren!«

Ganz anders, als man denkt

4

4. Redensarten über Irrtum und Betrug

Wenn Montag Sonntag ist oder

BLAUMACHEN UND BLAUER MONTAG

Der Schuster Hans Sachs weckte seinen Gesellen Georg mit lauten Rufen: »Aufstehen! Genug geruht, Georg! Es ist Montag! Willst du das ganze Jahr 1524 verschlafen?« Georg drehte sich nur ein wenig auf die Seite und sprach gähnend: »Es ist heute aber der gute Montag, Meister Sachs! An diesen Montagen dürfen wir für uns arbeiten.« Der Schuster Sachs kratzte sich am Kopf. »Stimmt, das habe ich vergessen! Es ist das gute Recht der Gesellen.« Dann rief er aber noch einmal laut: »Dennoch ist es kein Grund, im Bett zu bleiben! Du darfst und sollst an diesem Tag für dich arbeiten, nicht schlafen! Du machst ja den Montag zum Sonntag! Dann könntest du gleich deine blaue Feiertagskleidung anlegen!« Der Geselle Georg schmunzelte: »Keine Sorge, Meister! Ich werde heute nicht den Tag zu einem blauen Tag machen. Ein Viertelstündchen lasst mich noch ruhen. Dann werde ich ein paar schöne Reitstiefel für den Sohn des Bürgermeisters besohlen.«

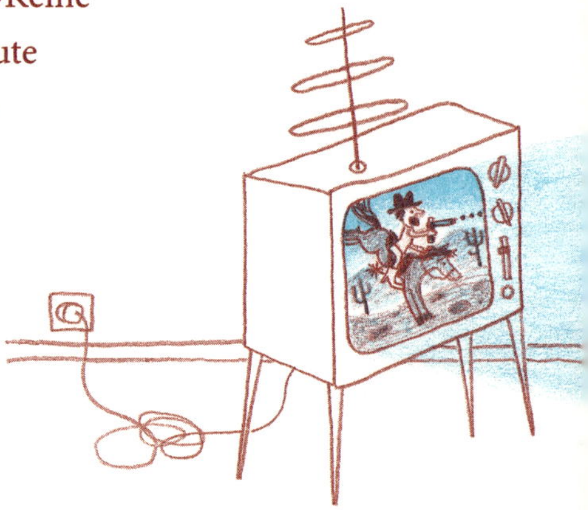

Wegen dieser Einrichtung des »guten Montags«, an dem die Gesellen freihatten, und wegen der blauen Kleidung, die man früher nur an Sonn- und Feiertagen tragen durfte, sagt man heute »blaumachen«, wenn man nicht zur Arbeit oder zur Schule geht. Der blaue Montag kommt auch daher. Bei ihm spielt aber auch noch der Alkohol eine Rolle. Wenn sich jemand plötzlich am Montag krank meldete, sagte man oft, er feiere einen blauen Montag, und meinte damit, er habe am Wochenende zu viel getrunken. Weil er davon am Montag noch blau sei, könne er nicht arbeiten.

Wie man den Stier bändigt oder

JEMANDEN AN DER NASE HERUMFÜHREN

Zehn Männer hielten den jungen Stier mit Mühe fest. Er wollte sich losreißen, aber inzwischen hatten sie ihm auch die Beine zusammengebunden. Jetzt wollte er die Männer mit den Hörnern stoßen, doch auch daran klammerten sich vier. Inzwischen hatte der Bauer Florian mit Geschick und Tempo ein Loch durch die Nasenscheidewand des Stiers gebohrt und einen dicken Stahlring hindurchgeführt. Durch den Ring zog er ein Seil. »Ihr könnt den Stier loslassen!«, rief er. Die Männer taten es. Nun wollte der Stier weglaufen. Dabei tat ihm aber der Ring in der Nase weh. Er blieb erstaunt stehen. Nun ging Florian ein paar Schritte, bis sich das Seil straffte. »Ist ja gut, Bulli!«, sagte er. »Komm nur ruhig mit!« Er zog ein wenig am Seil. Das tat dem Stier wieder weh, so dass er ein paar Schritte in Florians Richtung machte. Florian sagte zufrieden: »Siehst du, so ist es gut. Jetzt kann ich dich an der Nase herumführen.«

Weil man Stiere, aber auch Bären mit solchen Nasenringen leicht dorthin führen konnte, wohin man wollte, bildete sich die Redensart heraus, »jemanden an der Nase herumführen«. Erst hieß das nur »jemandem seinen Willen aufzwingen«. Weil man auf diese Weise mit einem anderen machen konnte, was man wollte, bezeichnete der Ausdruck aber bald auch »jemanden betrügen« oder »jemandem etwas vormachen«.

Zu früh gefreut oder

EINE SCHWALBE MACHT NOCH KEINEN SOMMER

In den Bergen Griechenlands lebte vor über zweitausend Jahren ein junger Mann. Im Herbst starben ihm plötzlich Vater und Mutter. Weil er ihr Geld erbte, war der junge Mann reich. Mit vollen Händen gab er alles aus, was er hatte. Er lud seine Freunde ein. Er aß und trank nur das Beste.

Als der strenge Winter langsam zu Ende ging, war das ganze Geld fort. Er besaß nur noch einen Mantel. Da sah der junge Mann eine Schwalbe und dachte sich: »Der Frühling beginnt. Die Schwalben kommen aus den warmen Winterquartieren wieder. Also brauche ich meinen Mantel nicht mehr und kann ihn zu Geld machen.« Das tat er.

Am nächsten Tag schneite es dicke Flocken. Der Frost kam, und der junge Mann fror schrecklich. Da fand er im Schnee die Schwalbe. Sie war erfroren. Er schimpfte mit ihr, weil sie ihn getäuscht hatte. Nun war es aber zu spät.

Und weil man diese Geschichte immer wieder erzählte, bildete sich das Sprichwort heraus, das man in vielen Sprachen kennt: »Eine Schwalbe macht noch keinen Frühling.« Seit damals hat es sich ein bisschen verändert. Heute heißt es: »Eine Schwalbe macht noch keinen Sommer.«

Hoffen und haben oder

EINE MILCHMÄDCHENRECHNUNG

Es war einmal ein Mädchen, das arbeitete bei einem Bauern. Weil es so fleißig war, bekam es genug zu essen und dazu etwas Geld für Kleidung. Zum Sparen war es aber zu wenig.

Eines Tages sagte der Bauer zu ihm: »Marie, du hast wieder fleißig gearbeitet. Dafür will ich dich extra belohnen. Hier, diesen Krug Milch schenke ich dir. Mach damit, was du möchtest.« Marie freute sich sehr und wollte ihn erst selbst trinken. Dafür war es aber zu viel. Also wollte sie die Milch auf dem Markt verkaufen. Sie nahm den Krug, setzte ihn auf den Kopf, hielt ihn gut fest und ging los. Auf dem Weg zum Markt dachte sie nach:

»Wenn ich die Milch verkaufe, dann verdiene ich so viel damit, dass ich mir ein Huhn kaufen kann. Das Huhn frisst, was es findet. Und es legt jeden Tag ein Ei. Die Eier kann ich wieder auf dem Markt verkaufen. Nach einem Jahr habe ich damit so viel Geld verdient, dass ich

eine Kuh kaufen kann. Die frisst nur Gras und braucht sonst nichts. Ihre Milch kann ich wieder auf dem Markt verkaufen. Nach einem Jahr oder zweien habe ich so viel verdient, dass ich ein kleines Stück Land kaufen kann. Da grast die Kuh. Da pickt das Huhn. Da kann ich auch Kartoffeln anbauen. Mit den Kartoffeln, den Eiern und der Milch zusammen verdiene ich in wenigen Jahren so viel, dass ich einen Bauernhof kaufen kann. Dann bin ich nicht mehr arm und kann mir einen reichen Bauernsohn anlachen, der mich …«

In diesem Moment aber stolperte Marie. Sie hatte sich nämlich alles so farbig ausgemalt, dass sie gar nicht mehr auf den Weg achtete. Und als sie stolperte, flog der Milchkrug in hohem Bogen von ihrem Kopf. Er fiel auf einen Stein und zerbrach. Die Milch ergoss sich rings umher.

Da weinte Marie, denn ihre Träume hatten sich genau wie der Krug zerschlagen.

Wegen dieser Geschichte sagt man zu Rechnungen, die nur auf Hoffnungen beruhen oder auf falschen Grundlagen: »Das ist doch eine Milchmädchenrechnung!«

Der böse Rechthaber oder

KEIN WÄSSERCHEN TRÜBEN KÖNNEN

An einem Bach trank einmal ein junges Schaf. Plötzlich kam der Wolf aus dem Wald und stellte sich weiter oben an den Bach, um ebenfalls zu trinken. Zum Fliehen war es zu spät, also verhielt sich das Schaf still. Der Wolf knurrte: »Warum machst du mir mein Wasser so trübe? Ich mag es so schmutzig nicht trinken.« Das Schaf erschrak und sagte: »Aber, lieber Wolf, das ist unmöglich. Der Bach fließt doch von dir zu mir. Ich kann dir kein Wässerchen trüben.« Der Wolf schimpfte weiter: »Du trübst es trotzdem. Und überhaupt: Du hast mich doch letztes Jahr beschimpft!« Das Schaf antwortete: »Damals war ich doch noch gar nicht geboren!« Der Wolf rief wütend: »Dann war es eben dein Bruder!« Das Schaf zitterte vor Furcht, aber es wagte zu widersprechen: »Ich habe doch gar keinen Bruder!« Der Wolf kam näher: »Na, dann war es wohl deine Familie. Ihr habt mich verfolgt. Auch euer Hirte und sein Hund.« Dann packte er das arme Schaf, rannte mit ihm in den Wald und fraß es.
Diese Geschichte erzählt man sich seit vierhundert Jahren. Sie zeigt, wie sich ein Mächtiger immer sein Recht nimmt. Egal, ob er wirklich recht hat oder nicht. So entstand die Redewendung »so tun, als könnte man kein Wässerchen trüben«. Seltsam ist sie schon. Denn man wirft damit jemandem vor, unschuldig zu tun, obwohl er es nicht ist. Es ist so, als habe der Wolf selbst noch in der Redensart die Wahrheit verdreht. Das Schaf war ja wirklich unschuldig.

Der berühmteste Betrug der Menschheit oder

EINE GESCHICHTE VOM PFERD ERZÄHLEN

Erzähl mir nichts vom Pferd!

Neun Jahre lang versuchten die Griechen, die Stadt Troja zu erobern. Im zehnten Jahr kam dem Griechen Odysseus eine Idee. Er ließ ein riesiges Pferd aus Holz bauen. Odysseus und einige tapfere Krieger versteckten sich darin. Die übrigen Griechen fuhren mit ihren Schiffen fort. Die Trojaner jubelten. Der Krieg schien beendet. Am Strand fanden sie das seltsame Holzpferd. Da entdeckten Hirten einen Griechen. Er hatte blaue Flecken und Striemen. »Wer bist du?«, fragten sie ihn. »Ich bin Sinon. Meine Landsleute wollten mich den Göttern opfern, aber ich konnte fliehen.« Die Trojaner glaubten Sinon, und er erzählte: »Das Pferd ist ein Geschenk für die Göttin Athene. Es ist so groß, damit ihr es nicht in die Stadt ziehen könnt.« – »Das werden wir ja sehen!«, riefen die Trojaner. Mit Pferden und Ochsen zogen sie das schwere Holzpferd triumphierend in ihre Stadt. Doch in der Nacht öffnete Odysseus eine geheime Klappe und stieg mit seinen Kriegern aus dem Pferd. Er tötete die Wachen und gab vom Wachtturm aus Feuerzeichen. Da kamen die Griechen mit ihren Schiffen herbei, brachten viele Trojaner im Schlaf um und zündeten die Stadt an. Am Morgen feierten sie Odysseus und Sinon, der die Trojaner so gut getäuscht hatte.
Seit dreitausend Jahren erzählen sich die Menschen Sinons »Geschichte vom Pferd«. Und so sagt man heute noch, wenn man jemandem nicht glaubt: »Erzähl mir nichts vom Pferd!«

Mit dem Degen in der Hand oder

JEMANDEN ÜBERS OHR HAUEN

und andere Fechtredensarten

Jemanden im Stich lassen / Jemandem die Stange halten / Spitz auf Knopf stehen

Annette kam aus ihrer ersten Fechtstunde heim. In der Hand hielt sie stolz den Degen. »Schau mal, was ich hier habe!«, rief sie ihrer kleinen Schwester Elke zu. »Ich weiß schon«, sagte Elke. »Du hast einen Degen. Aber ich finde Fechten total altmodisch. Außer, du hättest ein Laserschwert.«
Annette ließ sich nicht beeindrucken. Im Gegenteil. Das neue Wissen sprudelte nur so aus ihr heraus: »Fechten ist toll! Und auch modern. Wir reden sogar dauernd davon, ohne es zu merken. Wenn etwas ›Spitz auf Knopf‹ steht zum Beispiel. Das kommt von der Schwertspitze und dem Knauf unten am Griff. Früher hielt man dem Gegner die Schwertspitze entgegen. Das hieß: Kampf. Oder man drehte das Schwert um und zeigte den Knopf. Das ist ein anderes Wort für Knauf und hieß: Friede. Es ging ja um Leben oder Tod.« Elke meinte: »Ist das alles?«
»Nein, nein!«, antwortete Annette: »Ein Fechtlehrer passt bei den Kämpfen schon seit Jahrhunderten auf seine Schüler auf. Wenn ein Schüler dem anderen gefährlich wird, dann hält der Lehrer eine Stange dazwischen. Das ist das Zeichen für eine Kampfpause. Deshalb sagt man ›jemandem die Stange halten‹, wenn man jemanden unterstützt. Wenn der Fechtlehrer nicht eingreift, dann lässt er den Schüler im Stich.«

»Ach so!«, sagte Elke. »Der eine Fechter ist in Gefahr, gestochen zu werden. Der Fechtmeister tut aber nichts. Er lässt ihn im Stich des andern.« – »Genau!«, sagte Annette. »Und dann gibt es noch etwas Seltsames: Jemanden übers Ohr hauen.« Elke überlegte: »Hat da jemand wirklich mit dem Degen nach den Ohren gehauen? Das wäre ja fies!« – »Klaro!«, sagte Annette. »So war es. Und es war wirklich ein fieser Schlag. Er war natürlich gegen die Regeln. Und wenn das jemand trotzdem machte, war er so was wie ein Betrüger. Und deshalb sagt man heute für Betrügen ›jemanden übers Ohr hauen‹.«

Schön, aber kurz oder

AUF DEM HOLZWEG SEIN

Die ganze Familie Müller machte einen Ausflug. Sie fuhren mit dem Auto zum Wald und gingen dort spazieren. Da sagte auf einmal der Vater: »Schaut, da haben sie einen neuen Weg angelegt. Prima!« Die Mutter fragte: »Weißt du denn, wo der Weg hinführt?« Der Vater und die Kinder aber spazierten fröhlich drauflos, durch dicht stehende Buchen und Eichen und Tannen.

Nach einer Viertelstunde blieben sie stehen. Die Mutter sagte nur: »Hm.« Der Vater und die Kinder sagten gar nichts. Sie standen nämlich vor vielen großen Holzstößen. Der Weg hörte hier einfach auf. »Da waren wir wohl auf dem Holzweg«, sagte der Vater. »Er war zum Glück nicht lang«, lachte die Mutter. »Und jetzt wisst ihr wenigstens, warum man sagt: ›Jemand ist auf dem Holzweg.‹ Das ist ein Weg, der in den Wald geschlagen wird, um dort Bäume zu fällen und abzutransportieren. Er führt aber nirgendwohin, sondern ist nur eine Sackgasse.«

Und deshalb sagt man noch heute, wenn sich jemand irrt oder täuscht: »Da bist du auf dem Holzweg.«

Das klebrige Unglück oder

EIN PECHVOGEL SEIN UND PECH HABEN

Jemandem auf den Leim gehen / Jemanden leimen

Ein Vogel flog durch die Sommerluft. Am Abend wurde er müde und setzte sich auf einen Zweig im Gebüsch. Erst spürte er nichts Ungewöhnliches. Doch als er davonfliegen wollte, ging es nicht. Er schaute zu seinen Füßen und zu seinen Flügeln. Alles klebte an einer schwarzen Masse auf dem Zweig fest. Sosehr er es versuchte, er konnte sich nicht losreißen.

Da kam ein Mann und sagte: »Na, mein Vögelchen? Da hast du aber Pech gehabt. Denn schau, ich habe klebriges Pech auf den Zweig geschmiert. Das wirkt wie Leim. Aber keine Sorge, ich werde dich wieder befreien, und dann kommst du hier in den Käfig. Du sollst es gut bei mir haben. Sing nur immer schön! Du wirst Futter und Wasser bekommen. Und vor deinen Feinden bist du in Sicherheit.«

Mit klebrigen Zweigen fängt man seit Jahrhunderten Vögel. Dazu nahm man Leim oder jene schwarze, zähflüssige, teerartige Masse, die man aus Holz oder Erdöl gewann – das Pech. Daraus bildeten sich viele Redensarten. So sagt man »jemanden leimen«, wenn man einen betrügt oder übers Ohr haut. Wenn man auf jemanden hereinfällt, heißt es: »Ich bin ihm auf den Leim gegangen.« Man sagt »Pech haben«, wenn ein Unglück oder ein Missgeschick passiert. Und jemanden, der oft Pech hat, nennt man einen »Pechvogel«.

Praktisch schuldfrei oder

NUR EIN SÜNDENBOCK SEIN

Jemanden zum Sündenbock machen

Im alten Israel feierte man wie jedes Jahr das Fest der Versöhnung. Alle freuten sich. Nur zwei Schafböcke waren unruhig. Sie hatten auch allen Grund dazu. Ein Priester ließ sie zu sich bringen. Den einen tötete er als ein Opfer für Gott. Den anderen aber nahm er, legte ihm die Hände auf und sprach: »Ich lege dir alle Schuld des Volkes Israel auf.« Das Tier trug nun stellvertretend für alle die Schuld. Die Menschen umher jubelten. Das erschreckte den Bock. Er wollte fliehen. Da löste der Priester seine Fesseln. Wie ein Wirbelwind rannte der Bock davon. Er hielt erst an, als er tief in der Wüste weit weg von den Menschen war.

Diesen alten Brauch kannten Juden und Christen aus der Bibel. Man fand es wunderbar, dass ein Bock alle Schuld und Fehler und üble Taten mit sich wegtrug. Es war aber auch ungerecht, denn der Bock konnte ja nichts für die menschlichen Sünden. Deshalb bildeten sich die Redensarten heraus »ein Sündenbock sein« und »jemanden zum Sündenbock machen«. Damit meint man, dass jemand für etwas verantwortlich gemacht wird, obwohl er vollkommen unschuldig ist.

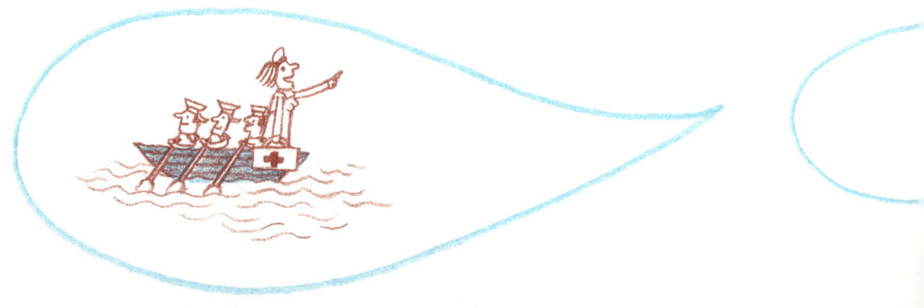

Grün und traurig oder

KROKODILSTRÄNEN WEINEN

Auf die Tränendrüse drücken

Vor zweitausend Jahren dachte man, dass Krokodile Geräusche machen könnten wie weinende Kinder. Angeblich lockten sie damit hilfsbereite Menschen an, um sie dann zu fressen. Außerdem hatte man gesehen, wie den Krokodilen beim Fressen Tränen aus den Augen flossen. Das fand man sehr gemein und heuchlerisch. Und deshalb sagt man, wenn jemand nur so tut, als tue ihm etwas leid: »Das sind nur Krokodilstränen.«
In Wirklichkeit kann das arme Tier gar nichts für sein Weinen beim Fressen: Wenn es den Oberkiefer hebt, um das Maul zu öffnen, drückt der auf die Tränendrüsen. So bilden sich automatisch Tränen. Mit Traurigkeit haben sie natürlich nichts zu tun.

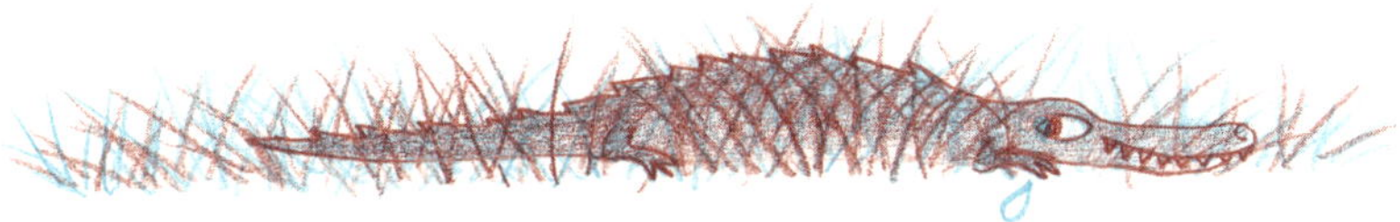

Das mit der Tränendrüse kannst du übrigens auch selbst. Wenn du vorsichtig an deinem inneren Augenwinkel drückst, sammelt sich etwas Tränenflüssigkeit. Auf diese Weise kann man so tun, als ob man traurig wäre. Deshalb sagt man auch »Du drückst ganz schön auf die Tränendrüse«, wenn jemand übertrieben Mitleid erwecken möchte.

Außen weiß und innen grausam oder

EIN WOLF IM SCHAFSPELZ SEIN

Zu einer Schafherde kam einmal ein besonders großes Schaf. Das sprach mit lauter, rauer Stimme. Alle Schafe bewunderten es. Weil es so groß war und so eine laute Stimme hatte, wählten sie es zu ihrem Leithammel. Etwas war jedoch merkwürdig. Seit der neue Leithammel unter ihnen lebte, fehlte alle zwei Tage ein Schaf aus der Herde. Eines Nachts kam das Geheimnis dann ans Licht.

Das Schaf Rosalinda konnte nicht schlafen. Also rupfte es ein paar Schritte von der Herde entfernt noch ein paar würzige Kräutlein am Fluss. Plötzlich sah Rosalinda den Leithammel zum Fluss traben. Er trug etwas im Maul. Erst konnte sie es in der Dunkelheit nicht genau erkennen. Doch dann sah sie: Es war ein Lämmchen. Der Leithammel ähnelte auch gar nicht mehr einem Schaf. Er hatte ein Maul wie ein Wolf! Und dann fraß er damit das Lämmchen auf. Rosalinda schlich sich unbemerkt davon und warnte die anderen. Alle schlichen sie sich zum Fluss. Die mutigsten Schafe zogen an seinem Fell. Da glitt das Schaffell von ihm ab. Der Wolf drehte sich erschrocken um. Er war enttarnt. Einhundertsieben Schafe sahen ihn nun böse an. Noch ehe der Wolf fliehen konnte, stürzten sich die Schafe auf ihn und warfen ihn in den Fluss.

So stellte sich Jesus die Sache vielleicht vor. Er spricht jedenfalls von falschen Propheten, die außen wie Schafe aussähen, aber innen Wölfe wären. Das steht in der Bibel und wurde des-

halb überall auf der Welt gelesen. So bezeichnete man einen Betrüger, der sich hinter Harmlosigkeiten verbirgt, bald als einen »Wolf im Schafspelz«. Damit ist ein zweiter Ausdruck verwandt. Er heißt »den Wolf zum Hirten/Schäfer machen«. Das ist natürlich eine reichlich dumme Idee. Aber die Dummheit stirbt nie aus.

Was alles in den Händen steckt oder

SICH ETWAS AUS DEN FINGERN SAUGEN

Im Winter legen sich die Bären in ihre Höhle und schlafen. Sie schlummern und brummen, sie ratzen und pofen. Das tun sie all die vielen Winternächte und Wintertage lang. Wie schaffen sie es nur, nicht zu verhungern?

Das fragten sich schon die Menschen in der Steinzeit. Im alten Rom wollte man es genau wissen. Deshalb suchten Forscher im Winter nach Bärenhöhlen, um dem Geheimnis auf die Spur zu kommen. Man fand tatsächlich Bären. Die schliefen und waren zufrieden. Manche schmatzten im Traum vor sich hin oder hatten ihre Pfoten im Mund. Wie Daumenlutscher sahen sie aus.

Da kamen die alten Naturforscher auf eine Idee: Weil es sonst nichts zu essen in der Höhle gab, sogen die Bären offenbar eine Art Milch aus ihren Pfoten!

In Wirklichkeit leben die Bären von ihren dicken Fettvorräten unterm Pelz, die sie sich im Herbst anfressen. Doch das wusste man damals noch nicht. Die Geschichte von der wunderbaren Pfotenmilch sprach sich also schnell herum. Es ist schon toll, wenn man sich selbst ernähren kann!

Irgendjemand hatte später den Gedanken, die Bären mit den Schriftstellern zu vergleichen. Wenn jemand ein Buch schreibt, dann kommt es ja auch aus ihm selbst heraus. Er saugt ähnlich wie der Bär etwas aus sich heraus, nur eben Wörter statt Milch. Der Dichter Johann Wolfgang von Goethe fand den Vergleich

sehr überzeugend. Er reimte: »Dichter gleichen Bären, die stets an eignen Pfoten zehren.«
Auch andere Menschen dieser Zeit sagten deshalb, wenn sie sich etwas plötzlich ausdenken mussten: »Jetzt muss ich mir was aus den Pfoten saugen.« Und weil das für Menschen passender klang, sagte man bald »Finger« statt »Pfoten«.
Was sich Schriftsteller ausdenken, das stimmt im strengen Sinn ja oft nicht. Sie schreiben zum Beispiel über Dinge, die es nicht gibt. Deshalb meinten manche Leute, die Schriftsteller würden lügen. Das ist zwar Blödsinn, denn jeder weiß ja, dass es sich um Ausgedachtes handelt und nicht um Fernsehnachrichten. Trotzdem entstand eine neue Bedeutung für den Spruch »sich etwas aus den Fingern saugen«. Er hieß nun auch so viel wie »lügen« oder »sich etwas bloß ausdenken, statt die Wahrheit zu sagen«. Dabei weiß doch jeder: »Bären lügen nicht!«

Kein Schwein oder

DIE KATZE AUS DEM SACK LASSEN

Die Katze im Sack kaufen

Der Bauer Simon ging einmal auf den Markt. Er wollte ein junges Schwein kaufen. Hinter einem großen Tisch stand eine Frau und rief: »Schöne, schöne Ferkel!« Neben ihr befand sich ein kleiner Pferch, in dem die süßen Schweinchen lagen. Der Bauer Simon fragte, was sie kosten sollten. Und die Frau nannte einen niedrigen Preis. Da sagte der Bauer Simon: »Ich möchte eines kaufen und gleich mitnehmen.« Die Frau sagte: »Warte, ich will dir das Ferkel in einen Sack stecken, dann kannst du es leicht nach Hause tragen.« Sie griff ein süßes Ferkelchen und suchte unter dem Tisch nach einem Sack. Den gab sie dem Bauern Simon und nahm sein Geld.

Auf dem Weg nach Hause spürte der Bauer Simon, wie das Ferkel sich wehrte und ihn kratzte. Als er auf seinem Hof angekommen war, knüpfte er den Sack gleich auf. Doch wie erschrak er: Kein Ferkel kam heraus, sondern eine Katze! Die Frau auf dem Markt hatte ihn betrogen. Sie hatte unter dem Tisch das Ferkel mit der Katze vertauscht. Simons Frau tröstete ihn: »Von jetzt an wirst du nicht mehr die Katze im Sack kaufen!« Der Bauer seufzte: »Ja, und ich werde immer verlangen, dass man die Katze aus dem Sack lässt, damit ich weiß, was wirklich drinnen ist.«

Deshalb sagt man, wenn man eine klare Aussage oder die Wahrheit wissen will: »Lass endlich die Katze aus dem Sack!«

Tempo, Tempo!

5. Redensarten über Geschwindigkeit und Dringlichkeit

Ein guter Grund für die Eile oder

ES BRENNT MIR AUF DEN NÄGELN

Martin war ein Mönch. Er lebte vor fünfhundert Jahren im Kloster. Außer ihm gab es noch neunundzwanzig andere Mönche dort. Sie nannten einander Brüder und beteten jeden Tag. Aber sie beteten nicht nur einmal, sondern bis zu achtmal täglich. Martin war noch nicht so lange Mönch. Manchmal fiel es ihm schwer, in der Dunkelheit aufzustehen.
So war es auch an diesem Wintertag. Zusammen mit den Brüdern ging er in die dunkle Kirche. Weil er die Gebetstexte noch nicht auswendig konnte, hatte er sein Gebetbuch dabei. Um

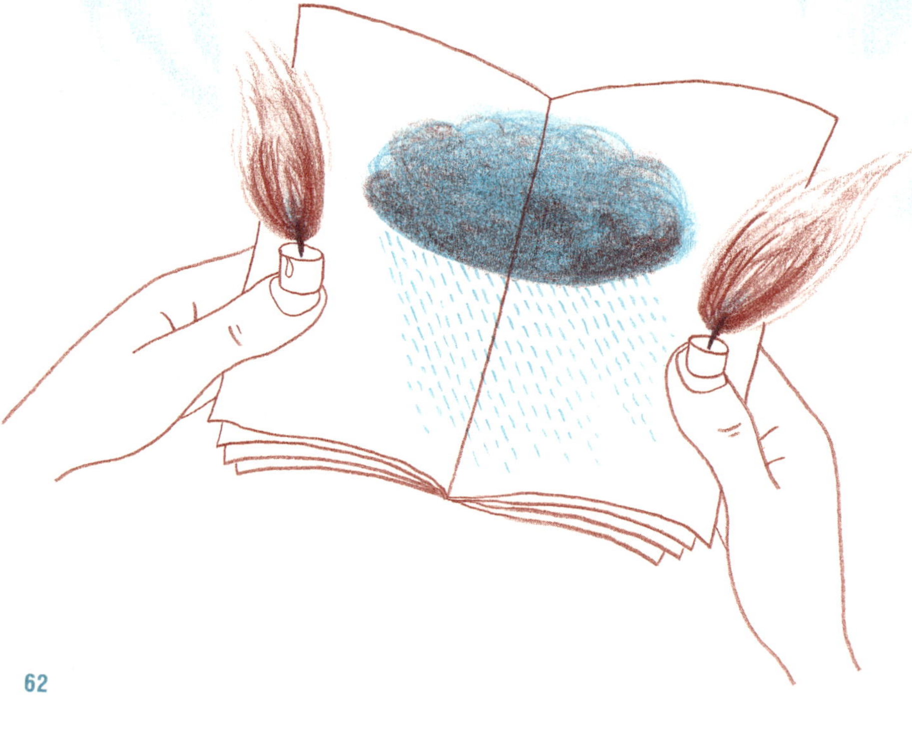

darin zu lesen, stellte er sich zwei brennende Kerzen auf seine Daumennägel. Das Wachs klebte ganz gut darauf. Nur leider dauerte das Gebet heute sehr lange. Die Kerzen brannten immer tiefer herab. Martin bekam es mit der Angst zu tun. Er spürte schon die Wärme der Flamme. Bald sogar die Hitze. Da beteten sie zum Glück eilig die letzten Worte. Martin pustete rasch die Kerzen aus.

Ein älterer Mönch lächelte und sagte: »Jetzt weißt du, warum es heißt: ›Das brennt mir auf den Nägeln.‹ Auch die Menschen außerhalb des Klosters wissen, dass wir Mönche Kerzen auf die Nägel stellen. Wenn etwas sehr dringend ist, dann sagen sie: ›Es brennt mir auf den Nägeln‹.«

Martin lächelte. Dann fragte er: »Aber warum sagt man manchmal ›Etwas brennt mir unter den Nägeln‹?« Der ältere Mönch sagte: »Das ist eine alte Foltermethode. Da sticht man armen Menschen brennende Holzstäbchen unter die Nägel.« Da seufzte Martin und sagte nichts mehr. Das hörte sich gar zu schrecklich an.

Gut Ding will Weile haben oder

ROM WURDE AUCH NICHT AN EINEM TAG ERBAUT

Zwei Arbeiter sollten eine Brücke über einen Bach bauen. Vier Tage hatten sie schon gebraucht. Am fünften kam ihr Vorarbeiter. Er sah sich die halb fertige Brücke an und schrie dann: »Wie lange soll das denn noch dauern? Das kostet doch alles Geld.«
Der eine Arbeiter sagte ganz ruhig: »Rom ist auch nicht an einem Tag erbaut worden.«
Der Vorarbeiter stutzte und fragte: »Willst du frech werden? Was meinst du denn damit?«
»Ganz einfach. Rom war vor zweitausend Jahren die wichtigste und schönste Stadt der Welt. Bis es so weit war, hat es aber sehr, sehr lange gedauert.«
Der Vorarbeiter schrie wieder: »Ihr wollt doch nicht Jahre für so eine kleine Brücke brauchen?!«
Da sagte der zweite Arbeiter: »Das ist doch nur eine Redensart. Es bedeutet, dass man lieber sorgfältig und langsam arbeiten soll. Dann wird am Ende etwas Schönes und Haltbares herauskommen. Rom ist ja heute immer noch schön!«
»Na gut«, sagte der Vorarbeiter. »Dann möchte ich, dass die Brücke nur halb so schön wird wie Rom. Dafür muss sie aber in zwei Tagen fertig sein! Habt ihr mich verstanden.«
»Geht in Ordnung!«, sagte der erste Arbeiter. Und der zweite: »Sowieso! Genau!«

Schneller, immer schneller oder

EINEN ZAHN ZULEGEN

Lukas der Lokomotivführer fuhr ein wenig spazieren. Seine Dampflokomotive Emma rauchte emsig vor sich hin. Lukas hatte genug Kohlen im Tender. Er hatte genug Wasser im Kessel. Und so hatte er genug Dampf, der die Lokomotive antrieb.
Da wollte Lukas mal ausprobieren, wie schnell Emma fahren könnte. Also griff er zu einem langen Hebel. Der Hebel war unten mit einer Reihe Metallzähne verbunden. Damit konnte man ihn in einer Stellung einrasten lassen. Wenn Lukas aber den Hebel löste und nach vorne schob, fuhr die Lokomotive schneller. Lukas schob ihn einen Zahn weiter nach vorne und ließ ihn wieder einrasten. Emma pfiff lustig dazu. Und so ging es immer weiter bis zum letzten Zahn unter der Stange.
Die meisten Dampflokomotiven hatten diese Zahnstangen, um die Geschwindigkeit einzustellen. Und deshalb sagt man noch heute, um jemanden zur Eile anzutreiben: »Leg doch mal einen Zahn zu!«

Die langlebige lustige Verwechslung oder

HÖCHSTE EISENBAHN

Im Jahre 1848 liefen zwei Liebespaare durch die Nacht. Sie hatten gerade ein Theaterstück gesehen. Offensichtlich ein lustiges. August rief laut: »Ich könnte mich über diesen Briefträger kaputtlachen!« Auguste, seine Liebste, stimmte ihm zu: »Briefträger Bornike! Wenn jemand schon so einen Namen hat!« Paula und Paul prusteten los. Dann sagten sie wie aus einem Munde: »Und diese ewigen Verwechslungen: zu komisch!« Paul zitierte mit angestrengtem Ernst: »Es ist die allerhöchste Eisenbahn, die Zeit is schon vor drei Stunden anjekommen.« Alle vier krähten vor Vergnügen und vergossen Tränen vor Lachen. Auguste seufzte erschöpft: »Es ist eine einfache Idee, aber sehr nett. Immer verwechselt Bornike alles. Aber die Zeit und die Eisenbahn zu verwechseln, das ist doch am schönsten!«
So wie die vier lachenden Nachtschwärmer haben vor gut hundertfünfzig Jahren sehr viele Menschen gelacht. Sie alle hatten Adolf Glaßbrenners Theaterstück »Ein Heiratsantrag in der Niederwallstraße« gesehen. Der daraus oft zitierte Satz mit der »allerhöchsten Eisenbahn« wurde so beliebt, dass er sich verselbstständigte. Und so sagt man seither manchmal »allerhöchste Eisenbahn« oder »höchste Eisenbahn« statt »höchste Zeit«.

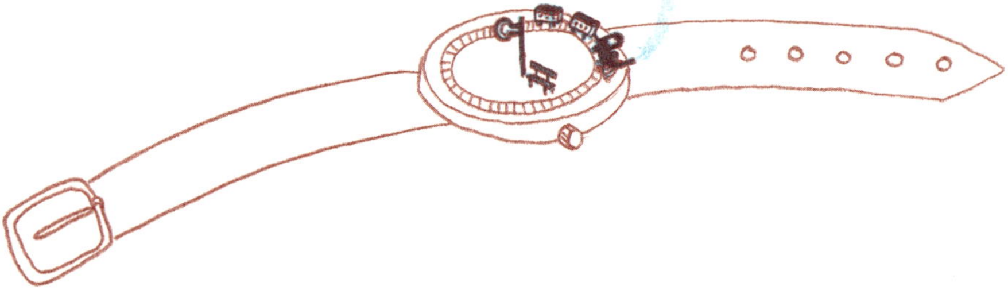

Denkste!

6. Redensarten zu Ablehnung und Streit

Wenn drei sich streiten oder

DER ZANKAPFEL

Im alten Griechenland lebte einst der König Peleus. Der verliebte sich in die Meergöttin Thetis. Er musste sie sich zwar erst erkämpfen, aber am Ende wollte sie seine Frau werden.
Prächtig feierten sie ihre Hochzeitsfeier und luden viele Menschen und alle Götter dazu ein. Schließlich sollten die Verwandten und Freunde von Bräutigam und Braut kommen. Nur eine Göttin hatten sie in der Aufregung vergessen. Dummerweise war das die gefürchtete Eris. Sie machte ihrem Namen alle Ehre, der nichts anderes als »Streit« oder »Zank« bedeutet. Uneingeladen und beleidigt kam sie zur Hochzeitsfeier. Sie guckte sich kurz um und sah, dass drei der bedeutendsten Göttinnen zusammen plauderten: Hera, die Frau des Obergottes Zeus, Athene, die Göttin der Weisheit, und Aphrodite, die Göttin der Liebe. Eris hatte einen wunderschönen goldenen Apfel mitgebracht. Den warf sie in die Mitte der drei Göttinnen. Überrascht schauten die auf den Apfel und sahen, dass auf ihm etwas geschrieben stand. Nur zwei Wörter: »Der Schönsten!« Da bückten sie sich alle drei gleichzeitig nach dem Apfel und schlugen mit den Köpfen in der Mitte zusammen. Alle drei hielten sich nämlich für die Schönste.
Empört richteten sie sich auf und fingen an zu streiten. Es war fürchterlich. Jede wollte den Apfel. Jede wollte die Schönste sein. Schließlich suchten sie einen Menschen, der für sie den Streit schlichten sollte. Es war Paris, der unter den Menschen

als der Schönste galt. Er entschied sich für Aphrodite. Aber nicht unbedingt, weil sie am besten aussah. Sie hatte ihm frecherweise als Lohn für sein Urteil die schönste Frau der Welt versprochen. Die hieß Helena und war leider schon verheiratet. Um ihr Versprechen zu halten, musste Aphrodite Paris helfen, Helena zu entführen. Ihrem Mann, dem König Menelaos, passte das natürlich nicht. Er wollte seine Frau wiederhaben. Mit Hilfe anderer Könige stellte er ein großes Heer auf, um Helena zurückzuholen. Hunderte Schiffe und Tausende Männer fuhren nach Troja, wo der Königssohn Paris mit Helena wohnte. Er wollte Helena nicht wieder herausgeben. Deshalb begann der Trojanische Krieg. Zehn Jahre dauerte er. Viele Hundert Menschen starben.

Und das alles wegen einer vergessenen Einladung und eines Apfels, der sprichwörtlich wurde als »Zankapfel«.

Schmerzhafte Auseinandersetzungen oder

MIT JEMANDEM EIN HÜHNCHEN ZU RUPFEN HABEN

Auf einem Bauernhof saß Gertrud auf einem Stuhl. Zwischen ihren Beinen hatte sie ein Huhn, das den Kopf hängen ließ. Gertrud griff ins Gefieder und zog einen Haufen Federn aus dem toten Tier. Das wiederholte sie immer wieder und sprach dabei mit sich selbst: »Wer Hühnchen essen will, der muss es rupfen. Weg mit den Federn! Und weg und weg! Dem toten Hühnchen macht das nichts mehr. Aber dem Ruprecht wird es wehtun, wenn ich mit ihm ein Hühnchen rupfe! Na, warte nur! Du böser Ruprecht wirst es büßen, dass du unter der Linde mit der Maria getanzt hast. Du hast mir die Ehe versprochen, nicht ihr! Ich werde dich rupfen wie dies Hühnchen hier!«
An dieser Stelle des Selbstgesprächs verlassen wir die wütende Gertrud. Nun wissen wir, warum man sagt »mit jemandem ein Hühnchen zu rupfen haben«.
Man vergleicht das Rupfen eines Huhnes mit dem Streiten. Dabei zog man sich manchmal sogar an den Haaren. Aber meistens ist es nur ein Bild dafür. Man rupft also weniger mit dem anderen ein Hühnchen, als dass er selbst wie ein Hühnchen behandelt und also gerupft wird.

Zwei Hörner und viel Lust oder

KEINEN BOCK HABEN

Bock haben / Null Bock haben

Der Ziegenbock treibt sich in unserer Sprache gerne herum. Angeblich ist er immer geil auf Ziegen. Und wegen der Bock-Lust sagt man: »Ich habe Bock auf etwas.« Noch öfter hört man, wenn jemand etwas nicht möchte: »Ich habe keinen Bock!« Oder ganz kurz: »Null Bock!«

Man kann aber auch »etwas verbocken« oder »einen Bock schießen«. Das kommt von alten Schützenfesten. Da bekam man als Trostpreis oft einen lebenden Bock. Der wurde damit zu einem Bild für Misserfolg oder Fehler.

Und dann gibt es noch die Redensart »den Bock zum Gärtner machen«. Das ist natürlich besonders dumm, denn der Bock frisst die Pflanzen, statt sie zu pflegen. Deshalb äußert man den Spruch, wenn man jemanden mit etwas beauftragt, wofür er ganz und gar ungeeignet ist.

Darauf pfeif ich:

PUSTEKUCHEN!

Man könnte einfach »Nein!« sagen. »Pustekuchen!« klingt aber viel besser, wenn man etwas richtig frech verweigern will. Manchmal sagt man auch »Pusteblume!«. Das ist ein anderer Name für den Löwenzahn. Wenn man den anpustet, dann fliegen alle Samen davon. Es bleibt nur der nackte Stängel; also nichts. Sagt man zu jemandem »Pusteblume!«, dann bedeutet es: »Das taugt nichts! Ich halte nichts von deinen Ideen oder Wünschen!«

Aber was ist ein Pustekuchen? Das komische Gebäck kennt man noch gar nicht so lange. Wahrscheinlich hat es sich aus verschiedenen Zutaten entwickelt – wie ein Kuchen eben.

Einerseits sagt man schon seit über fünfhundert Jahren: »Darauf huste ich!« Vor dreihundert Jahren dann: »Darauf puste ich!« oder »Ich pfeife darauf!«. Das bedeutete in jedem Fall: »Das mache ich nicht!« oder »Das ist mir ganz egal!«. Statt auf eine Frage oder Bitte zu antworten, pfiff oder pustete oder hustete man einfach. Das war ganz schön gemein.

Vor gut hundert Jahren kam eine zweite Zutat dazu. In einer Art Geheimsprache, die sich Rotwelsch nennt, gab es das Wort »kochem«. Das bedeutete »Wissen«. Das Rotwelsch übernahm dieses Wort aus dem Jiddischen. Ein zweites rotwelsches Wort war »poschut«, das »wenig« bedeutete. Zusammen konnte man »poschut kochem« sagen, wenn man meinte, jemand habe »wenig Wissen«. Das konnte man als Ablehnung verwenden.

Wenn Deutsche das hörten, kamen ihnen die Wörter sehr seltsam vor. Aber »poschut« erinnerte sie wahrscheinlich an »puste«. Man lehnte ja mit »Darauf puste ich« etwas ab. Na, und »kochem« klingt schon sehr ähnlich wie »Kuchen«. Fertig war

Ein kleiner Großer oder

DAVID GEGEN GOLIATH

Im alten Israel lebte der junge Hirte David. Als das Volk der Philister gegen die Israeliten kämpfte, mussten seine Brüder in den Krieg ziehen. David war noch nicht alt genug. Er durfte seine Brüder aber einmal im Heerlager besuchen. Da sah David etwas Seltsames: Ein riesengroßer Philister trat zwischen die Heere. Er rief: »Ich bin Goliath, der stärkste Krieger. Ihr Israeliten seid Feiglinge, und Euer Gott ist auch ein Feigling!« So schrecklich groß war Goliath, dass die Israeliten nur stumm dastanden und sich fürchteten. David fand die Soldaten feige. Er bat um die Erlaubnis, gegen den Riesen kämpfen zu dürfen. Lange zögerte der König im Heerlager. Dann bekam David eine Rüstung. Da sie ihm zu schwer war, ging er in seiner Hirtenkleidung zu Goliath. Unterwegs hob er fünf Kieselsteine auf. Er hatte nämlich seine Steinschleuder dabei. Goliath lachte, als er David sah: »Der Knirps soll mich besiegen? Unglaublich!« Die Philister lachten mit. David legte einen Kiesel in die Lederriemen und schleuderte mit aller Kraft den Stein an Goliaths Stirn. Er traf gut. Der riesige Krieger fiel bewusstlos zu Boden. Da nahm David Goliaths Schwert und schlug ihm den Kopf ab. Die Philister schrieen vor Verzweiflung und liefen davon. So hatte der Knabe David den Riesen und ein ganzes Heer besiegt.
Diese Geschichte steht in der Bibel und wurde Tausend Mal erzählt. Noch heute sagt man bei einem Streit sehr ungleicher Gegner: »Es ist ein Kampf zwischen David und Goliath«.

So verdächtig wie schlecht!

7. Redensarten zu Misstrauen und Kritik

Ganz klein zusammengestaucht oder

JEMANDEN ZUR SCHNECKE MACHEN

Was kann die Schnecke dafür, dass sie so vorsichtig, ja ängstlich ist? Wenn man sie anstupst, dann zieht sie ihre Fühler so schnell ein, dass man nicht einmal »Holla!« sagen kann. Schon sind sie weg, und die Schnecke verschwindet im Haus. Was kann die Schnecke dafür, dass sie so klein und schleimig ist? Sie kriecht auf dem Kohl. Sie kriecht über den Salat. Sie kriecht auf dem eigenen Schleim. Das mögen die Menschen nicht. Das finden sie eklig und schreien: »Igitt, ist die widerlich!« Darum droht man jemandem, wenn man richtig wütend ist: »Ich mach' dich zur Schnecke!« Denn da wäre er klein und schleimig und ängstlich: einfach widerlich und nichts als ein Schneckenwicht!

Ein seltsamer Test oder

EINE PRINZESSIN AUF DER ERBSE SEIN

Wie eine Prinzessin auf der Erbse

In einem kleinen Königreich lebte ein Prinz. Der wollte bald heiraten, aber nur eine ganz und gar echte Prinzessin. Er reiste in der Welt umher, doch bei jeder fand er einen Fehler. Schließlich dachte er sich traurig: »Dann heirate ich eben nicht.«

Da geschah etwas Merkwürdiges. In einer fürchterlich regnerischen Gewitternacht klopfte es am Tor. »Wer ist da?«, rief der Wächter. »Ich!«, rief es von draußen. »Wer ist Ich?«, rief der Wächter. »Eine wirkliche Prinzessin«, rief es von draußen. Da öffnete der Wächter rasch das Tor und ließ sie herein. Einer Prinzessin ähnelte sie nicht besonders, so pudelnass wie sie war.

Inzwischen war das Königspaar gekommen. »Du bist also eine wirkliche Prinzessin?«, fragten sie. »Ja, das bin ich!«, sagte die Prinzessin. »Nun gut«, sagte die Königin. »Ich will dir ein Bett machen.« Sie ging in eine Kammer und legte eine harte, getrocknete Erbse unten in ein Bett. Darüber stapelte sie zwanzig Matratzen und zwanzig Federbettdecken. Darauf verbrachte die Prinzessin die Nacht.

Am Morgen fragte die Königin die Prinzessin, ob sie gut geschlafen habe. »Ach, ganz und gar nicht!«, sagte die Prinzessin. »Es hat etwas Hartes im Bett gelegen, so dass ich kein Auge zutun konnte. Ich habe überall blaue Flecken davon.«

Da freute sich der König. Da freute sich die Königin. Und der

Prinz freute sich auch. Wer durch zwanzig Matratzen und zwanzig Federbetten eine Erbse spürte, musste eine wirkliche Prinzessin sein. Niemand sonst war so empfindlich. So kam es bald zur Hochzeit. Die Erbse aber hielten alle in Ehren.
Und wegen dieses Märchens verspottet man heute besonders empfindliche Menschen mit dem Satz: »Du bist eine Prinzessin auf der Erbse.«

Stolz und frech oder

MIT JEMANDEM IST NICHT GUT KIRSCHEN ESSEN

Graf Wilfried von Sauerstein besuchte eines Tages den Bauern Bernhard. Es war im Sommer vor siebenhundert Jahren. Die Kirschernte hatte gerade begonnen. Da befahl der Graf dem Bauern: »Bring Kirschen her und lass sie uns essen!« Das war leicht getan. Bald stand eine große Schüssel leuchtend roter Kirschen auf dem Tisch. Graf Wilfried von Sauerstein setzte sich und nahm fünf Kirschen auf einmal in den Mund. Die schmeckten ihm offenbar sehr gut. Es lief sogar ein wenig Kirschsaft an seinem Kinn hinunter. Der Bauer Bernhard traute sich nicht, an dem Tisch bei dem großen Herrn Platz zu nehmen. Er traute sich nicht einmal, eine Kirsche zu nehmen. Da sagte der Graf mit vollem Mund: »Willst du auch etwas, Bauer?« Bernhard lächelte dankbar. Er wollte schon zugreifen, als der Graf ihm plötzlich die fünf Kirschkerne ins Gesicht spuckte.

Solche Geschichten erzählte man sich schon im Mittelalter. Man sagte: »Mit hohen Herren ist nicht gut Kirschen essen. Sie spucken dir die Kerne ins Gesicht.« Und so sagt man heute noch, wenn jemand ein schwieriger oder unangenehmer Mensch ist: »Mit dem ist nicht gut Kirschen essen.«

Ein geheimnisvolles Kribbeln oder

JEMANDEM IST EINE LAUS ÜBER DIE LEBER GELAUFEN

Eine beleidigte Leberwurst sein

Im Bauch befinden sich viele Organe. Besonders wichtig ist die Leber. Früher dachte man, die Leber stelle vier Säfte her. Wenn sie das gleichmäßig macht, ist der Mensch ausgeglichen und gesund. Produziert sie aber von einem zu viel, wird der Mensch entweder streitsüchtig, niedergeschlagen, langsam oder leidenschaftlich. Die Leber war also für die Menschen damals verantwortlich für die Gefühle. War jemand böse oder beleidigt, nahm man an, dass die Säfteproduktion in der Leber aus dem Gleichgewicht geraten war. Und da kommt das kribbelige Gefühl ins Spiel. Fast jeder kennt es. Plötzlich kribbelt es im Bauch, als laufe dort ein Insekt.

So sagte man zu dem Beleidigten: »Ist dir eine Laus über die Leber gelaufen?« Das klang lustig, auch wegen der drei »L« in der Redensart. Wenn man Glück hatte, musste der Beleidigte selbst über die Vorstellung lachen, dass so ein kleines Tier ihm die Leber und die Laune verdorben hatte.

Es gibt noch eine zweite Redewendung, um einen überempfindlichen Menschen zu bezeichnen. Die hat ebenfalls mit der Leber zu tun. Man neckt so jemanden mit dem Spruch: »Was bist du für eine beleidigte Leberwurst!« Die Wurst soll die Wörter lustig ergänzen.

Braun und braun gesellt sich gern oder

JEMANDEN DURCH DEN KAKAO ZIEHEN

Jemanden in den Dreck ziehen

Als Kind fragte ich mich immer, warum man sagt: »Jemanden durch den Kakao ziehen«. Das heißt ja: sich über jemanden lustig machen oder ihn verspotten. Jetzt weiß ich, dass der gute Kakao die Abwandlung einer älteren Redensart ist. Man sagte viel länger schon »jemanden in / durch den Dreck ziehen«, wenn man ihn schlechtmachte. Hier steht das Wort »Dreck« für ein noch derberes Wort, nämlich »Kacke«. Das hört sich wirklich böse an. Nun ist die Kacke braun und der Kakao auch. Dazu klingen die Wörter noch ähnlich. Und so entwickelte sich irgendwann aus der ziemlich unfreundlichen die freundliche Redensart mit dem Milchmixgetränk.

Seltsamer Süden oder

DAS KOMMT MIR SPANISCH VOR

Vor fünfhundert Jahren starb in Deutschland der Kaiser Maximilian. Alle Fürsten im Reich überlegten, wen sie als seinen Nachfolger wählen sollten. Es gab mehrere Bewerber. Darunter war auch Maximilians Sohn Karl. Mit viel Glück und viel Geld gelang es ihm, die Wahl für sich zu entscheiden. Dabei war er in Spanien aufgewachsen und sprach fast kein Deutsch.

Als er seine Herrschaft antrat, brachte er aus Spanien viele Freunde und Beamte mit. Die verhielten sich ganz anders, als es die Deutschen gewohnt waren. Sie kleideten sich anders, sie begrüßten und verabschiedeten sich anders, und sie sprachen natürlich anders. Die Deutschen wunderten sich darüber. Sie misstrauten sogar den spanischen Fremden. Wenn ihnen nun irgendetwas Seltsames begegnete, sagten sie deshalb: »Das kommt mir spanisch vor.« Und so sagt man es seit damals.

Die schönste Gemeinsamkeit oder

UNTER EINER DECKE STECKEN

Am burgundischen Königshof feierten alle. Die schöne Kriemhild heiratete den tapferen Siegfried. Fast alle wichtigen Schritte der Eheschließung hatten sie schon hinter sich. Einer aber fehlte noch. Die Hochzeitsgäste riefen laut und lachend: »Ins Bett! Ins Bett!« Siegfried errötete. Dann nahm er Kriemhild bei der Hand und ging mit ihr zum Schlafzimmer. Dort zogen sie sich bis aufs Untergewand aus und legten sich unter die Decke. Die Gäste standen um das Bett und jubelten laut: »Viel Glück! Nun ist die Ehe besiegelt!« Mit diesen Worten verließen sie das Schlafzimmer und feierten im Festsaal weiter.

Schon im alten Rom sagte man von befreundeten Menschen »Sie stecken unter einer Decke«. Es kam auch öfters vor, dass Freunde unter einer Decke schliefen. Im Mittelalter aber wurde der Vorgang zu einem unverzichtbaren Teil der Hochzeit. Erst wenn das Paar vor Zeugen unter die Decke geschlüpft war, waren sie richtig verheiratet.

Später verschlechterte sich die Bedeutung der Redensart. Sie besagte nun, dass zwei oder mehr Menschen etwas Übles planen, dass sie Verschwörer sind oder Verbrecher mit gemeinsamen schlechten Absichten. So, als heckten sie ihre Pläne heimlich unter einer Decke aus. Deshalb sagt man heute fast nur noch von verdächtigen oder bösen Leuten »Sie stecken unter einer Decke«.

Unterm Birnbaum oder

EINE LEICHE IM KELLER HABEN

Vor langer Zeit lebte ein Gastwirt, der hatte hohe Schulden. Eines Tages grub er unter dem Birnbaum vor seinem Gasthaus die Erde um. Da stieß er plötzlich auf die Leiche eines Soldaten. Sie lag schon viele Jahre in der Erde. Der Gastwirt schaufelte die Grube lieber wieder zu. Kurz darauf übernachtete bei ihm ein reicher Kaufmann. Am Morgen seiner Abreise fand man seine Kutsche im Fluss. Der Kaufmann aber blieb verschwunden. War er ertrunken? Eine Nachbarin aber erzählte, dass der Gastwirt unterm Birnbaum gegraben hatte. Nun dachten alle, der Gastwirt habe den Kaufmann erschlagen und die Leiche vergraben. Polizisten nahmen ihn fest. Das ganze Dorf versammelte sich unterm Birnbaum, um beim Ausgraben zuzusehen. Alle erschraken, als man eine Leiche fand. Es war jedoch nur der alte Soldat. Dem sah man an, dass er da schon lange lag. Also ließ man den Gastwirt frei. Doch nach kurzer Zeit benahm er sich wunderlich. Er erschrak ohne Grund und verschwand oft in seinem Keller. Eines Morgens fand man ihn. Er hatte eine Schaufel in der Hand und war tot. Als man den Keller untersuchte, fand man die Leiche des Kaufmanns. Der Gastwirt hatte ihn doch getötet und dort vergraben.
Diese Geschichte hat Theodor Fontane in »Unterm Birnbaum« erzählt. Wegen ihr sagt man »Jemand hat eine Leiche im Keller« und meint damit, dass er eine Schuld oder ein Verbrechen verheimlicht.

Viel zu schreiben oder

DAS GEHT AUF KEINE KUHHAUT

Ein Pfarrer bemerkte einmal vor vielen Hundert Jahren während der Predigt etwas Seltsames. Ein schwarzer Mann saß hinten in der Kirche und schrieb. Er ging zu ihm hin. Da erkannte der Pfarrer, dass es der Teufel war. Er fragte ihn: »Was schreibst du da?« Der Teufel sagte: »Ich versuche aufzuschreiben, was die Menschen hier während der Predigt geredet haben. Aber ich sehe, dass ich für all ihre Worte nicht genug Platz habe. Dabei habe ich doch nicht nur ein Pergament aus einer Schafshaut genommen, sondern sogar ein viel größeres aus einer Kuhhaut.«
Der Pfarrer sagte nun zu seiner Gemeinde: »Ihr Lieben, ihr habt während der Predigt nicht gebetet oder zugehört, sondern über anderes geredet. Ihr wisst, dass das eine Sünde und eine Untat ist! Der Teufel hat Euer Geschwätz aufgeschrieben.«
Die Frauen und Männer in der Kirche erschraken. Sie baten alle den Pfarrer um Verzeihung und versprachen, in Zukunft besser aufzupassen. Da ging der Pfarrer zum Teufel und sagte: »Siehst du, sie bereuen ihre Sünden. Deshalb musst du alles

streichen, was du aufgeschrieben hast.« Und der Teufel tat es zähneknirschend.
Wegen dieser und ähnlicher Geschichten sagt man »Das geht auf keine Kuhhaut«, wenn etwas besonders schlimm, unerhört oder ärgerlich ist. Früher schrieb man auf Pergament, dem Leder aus Schafshäuten, das geschabt und geglättet wurde. Hatte jemand so viel Schlechtes getan, dass ein übliches Lederstück zum Aufschreiben nicht reichte, so sagte man: »Für seine Untaten bräuchte man eine Kuhhaut.« Und wenn es noch mehr war, hieß es: »Das geht auf keine Kuhhaut.«

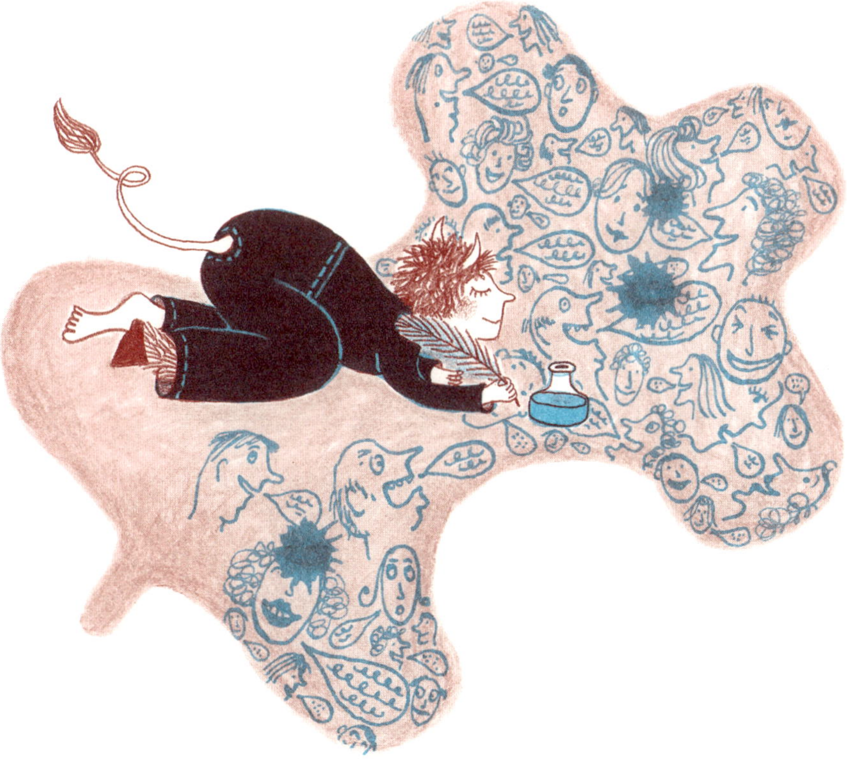

Aller guten Dinge sind drei oder

AUF DEN HUND GEKOMMEN

Drei Redensartenerklärer stritten einmal darüber, wer die Redensart »Jemand ist auf den Hund gekommen« am besten erklären könnte. Da sagte der kleinste: »Lasst uns in die USA zum Sprichwortpapst fliegen!« Gesagt, getan. Zum Glück hatte der Sprichwortpapst gerade Zeit. Der erste Redensartenerklärer sagte: »Im Süden Deutschlands und der Schweiz gibt es Vorratstruhen. Auf ihrem Boden ist ein Hund eingeschnitzt. Wenn die Truhen leer waren, sah man den Hund. Damit war man auf den Hund gekommen.« Sofort begann der zweite zu erklären: »Wer früher reich war, hatte ein Pferd als Zugtier. Hatte er weniger Geld, zog ein Ochse den Wagen. War er arm, blieb ihm nur ein Hund, der einen Karren zog. Damit war er auf den Hund gekommen.« Und schon erklärte der dritte: »Vor tausend Jahren musste einer, der zum Tod verurteilt war, einen Hund durch das Dorf tragen. Das war ein Zeichen dafür, dass er wie ein Hund anzusehen war. Und Hunde durfte jeder totschlagen. Damit war er auf den Hund gekommen.« Der Sprichwortpapst klatschte in die Hände und sagte: »Ihr seid prima Erklärer! Ich aber erkläre, dass wohl alle drei Erklärungen die Redensart beeinflusst haben.«

Da freuten sich die drei Redensartenerklärer und machten mit dem Sprichwortpapst einen Ausflug in die nahen grünen Berge.

Als Tiger gesprungen, als Bettvorleger gelandet

8. Redensarten über Niederlagen, Unglück und Missgeschick

Groß, größer, am größten »ganz klein« oder

VOR NEID PLATZEN

Sich aufblasen wie ein Frosch

Es war einmal ein Frosch. Der war sehr stolz darauf, wie groß und schön und grün er war. Kein anderer Frosch konnte ihm das Wasser reichen. Er fühlte sich wie ein Schwan unter lauter hässlichen Entlein.

Während er so im Hochgefühl seiner Größe und Schönheit und Grünheit glücklich vor sich hin quakte, kam eine Kuh vorbei. Am Ufer des Froschteichs wuchs das Gras nämlich besonders saftig. Beim Grasen bemerkte die Kuh gar nicht, dass sie den Frosch von seinem Lieblingsquakplatz auf einem großen Löwenzahnblatt stieß. Der purzelte ins Gras und pumpte sich dann wütend auf: »Kannst du nicht aufpassen, du Hornochse? Ich bin doch wirklich nicht zu übersehen, so groß und schön und grün, wie ich bin!« Die Kuh stutzte. Darauf muhte sie langsam, aber verständlich: »Groß?« Das ärgerte den Frosch mächtig. »Natürlich groß! Hast du keine Augen im Kopf, du Rindvieh?« Satt, wie sie inzwischen war, meinte die Kuh nur: »Du bist ja nicht mal so groß wie zwei meiner Hufe!« – »Was?«,

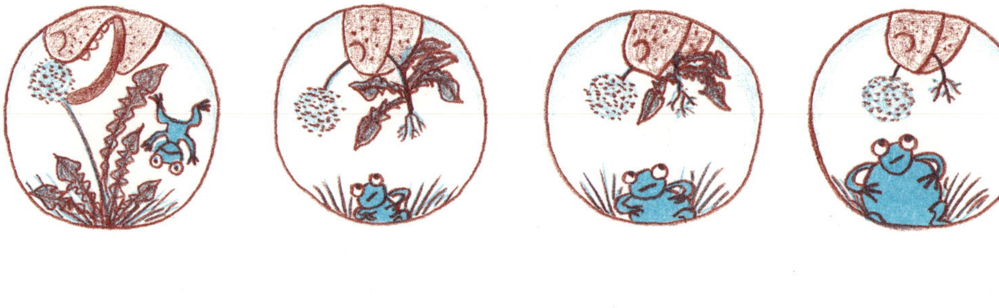

schrie der Frosch. »Ich werde dir zeigen, wie groß ich bin!« Er blies die Backen und seinen Körper auf, bis die Kuh ganz erstaunt sagte: »Stimmt, jetzt bist du so groß wie zwei von meinen Hufen. Groß ist das aber nicht. Du bist ja nicht einmal so groß wie meine Schnauze!« – »Was?«, schrie der Frosch. »Du bist ja die reinste Blindekuh!« Und er pumpte noch mehr Luft in sich hinein, obwohl es immer schwerer ging. »Stimmt«, sagte die Kuh, »jetzt bist du so groß wie meine Schnauze. Toller Trick! Aber groß? Du bist ja nicht einmal so groß wie mein Euter!« – »Was?«, presste der Frosch mit Mühe hervor, denn er musste ja die ganze Zeit die Luft anhalten, um so groß zu bleiben. »Du bist ja eine … äh … äh … äh … egal. Aber ich werde dir zeigen, wie groß ich bin!« Dann holte er noch etwas Luft. Und noch etwas. Und noch ein klein wenig mehr. Die Kuh aber bekam es mit der Angst zu tun, so ochsenfroschgroß war der Frosch jetzt. Doch noch ehe sie »Muh« sagen konnte, machte es »Peng«, und viele kleine Froschfetzen segelten durch die Abendluft. Die Kuh schaute noch ein paar Minuten dumm vor Staunen. Schließlich sagte sie: »Geplatzt!« Und fraß weiter Gras.
Und weil diese Geschichte so beliebt war, sagt man noch heute: »Jemand platzt vor Neid« oder »Sich aufblasen wie ein Frosch«. Das heißt dann, er macht sich wichtig, er ist ein Angeber.

Wie man einen in die Flucht schlägt oder

JEMANDEN BOYKOTTIEREN

Im Jahre 1880 versammelten sich in Irland lauter wichtige Leute. Sie ärgerten sich über den Verwalter eines großen Bauernguts. Dieser Mann war ein Engländer. Schon das passte den Iren nicht. Etwas fanden sie aber noch schlimmer: Man sagte, der englische Gutsverwalter sei ein hartherziger Herr und zahle zu wenig Lohn.

Diesen Kerl wollten die Iren gerne loswerden, doch ohne Gewalt. In der Versammlung hatte man eine Idee. Man wollte den Engländer einfach aus dem Land ekeln. Dazu befahl man den Iren Folgendes: Niemand darf mehr für den Verwalter arbeiten. Niemand darf ihm Essen oder andere Waren liefern. Niemand darf zu ihm gehen und mit ihm sprechen. Niemand darf ihm Post bringen. Außerdem belagerte man ihn. Die Straßen zu seinem Gut wurden gesperrt, seine Zäune kaputt gemacht.

Nach einigen Monaten gab der Verwalter auf und verließ Irland. Die Iren freuten sich natürlich und hängten ihren Erfolg an die große Glocke. Das machte ihr Vorgehen in aller Welt berühmt. Und weil man einen Namen dafür brauchte, nahm man einfach den des englischen Verwalters. Der hieß Captain Charles Cunningham Boycott. Und seitdem sagt man »jemanden boykottieren«.

Besonders schlecht und ohne Waffen oder

UNTER ALLER KANONE

Der Lehrer sagte zum kleinen Bernhard: »Du hast die schlechteste Arbeit abgeliefert. Sie ist die schlechteste der Klasse. Sie ist sogar die schlechteste, die ich je gesehen habe. Sie ist so schlecht, dass ich es gar nicht sagen kann. Sie ist einfach unter aller Kanone.« Der kleine Bernhard schämte sich. Aber nur ein wenig. Schließlich hatte er sein Bestes gegeben. Er fragte: »Was soll meine Arbeit denn unter der Kanone?« Der Lehrer lachte kurz. Dann antwortete er: »Das ist ein Ausdruck, der gar nichts mit der Kanone zu tun hat. Ein altes griechisches Wort heißt Kanon. Das bedeutete so viel wie Regel, Maßstab oder Richtschnur. Später bezeichnete man damit auch einen Bewertungsmaßstab. Zum Beispiel die Noten von eins bis sechs. Wenn etwas noch schlechter als sechs war, fiel es sogar darunter. Es war unter dem Kanon oder sogar unter allen Kanons. Weil der Kanon aber wie die Kanone klang, machte man sich einen Spaß daraus. Und deshalb sagt man noch heute zu etwas besonders Schlechtem ›unter aller Kanone‹.«
Da hatte der kleine Bernhard eine Idee. Er freute sich richtig: »Wenn ich eine so schlechte Arbeit abgeliefert habe, wie es nur möglich ist, dann kann es von jetzt an nur noch bergauf gehen. Und vielleicht bin ich beim nächsten Mal in der Kanone oder sogar drüber.«

Ein kurzer Erfolg oder

SICH MIT FREMDEN FEDERN SCHMÜCKEN

Eine Krähe war sehr stolz auf ihre Schönheit. Allerdings ärgerte es sie ein bisschen, dass sie nur schwarz war. Wie freute sie sich, als sie eines Tages fünf Pfauenfedern im Park fand. Die leuchteten so schön in Blau und Grün. Mit viel Mühe steckte sie sich die bunten Federn zwischen die eigenen. Dann lief sie im Park umher und rief: »Seht, wie schön ich bin!«

Das hätte sie lieber nicht tun sollen. Es waren nämlich Pfauen in der Nähe. Die wurden sehr ärgerlich, als sie die Krähe sahen. Sie flatterten und rannten herbei und rupften ihr die Federn aus. Die Krähe merkte es bei den Pfauenfedern natürlich nicht, aber bald spürte sie Schmerzen. Die Pfauen rissen nämlich auch die Krähenfedern aus. Da rief sie: »Hört auf damit! Ihr habt doch eure Federn wieder! Die schwarzen gehören mir.«

Die Pfauen waren aber zu wütend. Sie schrien: »Du hast unsere bunten Federn geklaut. Die anderen gehören bestimmt auch nicht dir.« Sie hörten nicht auf, bis die Krähe nackt war.

Und wegen dieser Geschichte sagt man noch heute, wenn jemand mit einem fremden Erfolg oder der Leistung eines anderen angibt:

»Er schmückt sich mit fremden Federn.«

Eine seltsame Arbeit oder

DER PRÜGELKNABE SEIN

In England lebte vor vielen Hundert Jahren ein Junge. Er hieß Barnaby Fitzpatrick. Obwohl er noch jung war, hatte er schon einen Beruf: Er verdiente sein Geld im königlichen Schloss. Er saß hinter dem Prinzen und lernte mit ihm. Ein Privatlehrer brachte beiden das Lesen bei, das Rechnen und gutes Benehmen. Barnaby Fitzpatrick hatte eigentlich ein wunderbares Leben. Nur manchmal wurde es richtig unangenehm. Damals schlug man nämlich die Kinder, wenn sie unartig oder faul waren. Barnaby Fitzpatrick war zwar fast immer fleißig und artig, doch der Prinz war es nicht immer. An einem Montag war es wieder einmal so weit. Der Privatlehrer schimpfte: »Eure prinzliche Hoheit! Ihr habt das Rechnen nicht geübt und auch sonst keine Hausaufgaben gemacht. Ich muss nun leider prügeln.« Dann nahm er eine Haselnussrute und ging auf die Knaben zu. Der Prinz weinte, aber Barnaby Fitzpatrick nicht. Der Lehrer schlug ihn mit der Haselnussrute. Da weinte er auch.

Einen Prinzen hielt man für etwas so Besonderes, dass man ihn nicht prügeln durfte. Wenn er Strafe verdient hatte, schlug man stattdessen Jungen wie Barnaby Fitzpatrick. Die bekamen Geld dafür, als Prügelknaben zu dienen. Natürlich hofften die Lehrer, dass die Prinzen Mitleid mit ihren Prügelknaben hätten und fleißig und anständig würden. Prügelknaben gab es in vielen Ländern. Und wegen ihnen sagt man heute zu Menschen, die unverdient bestraft werden: »Das ist der Prügelknabe.«

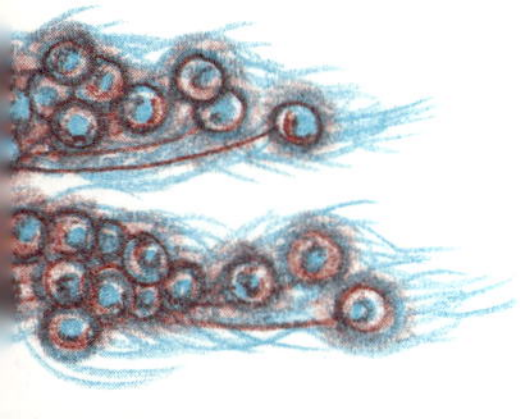

Ein Schuh mit besonderen Eigenschaften oder

UNTER DEM PANTOFFEL STEHEN

In einer Kirche tanzten vor eintausend Jahren ein Mann und eine Frau einen seltsamen Tanz. Der Priester stand daneben und raufte sich die Haare. »Aufhören!«, rief er. Die beiden tänzelten aber weiter, als hätten sie nichts gehört. Die Gemeinde in der Kirche juchzte und feuerte mal den Mann, mal die Frau an: »Tritt ihn, Gretel!« – »Setz ihr den Fuß auf, Heinrich!« Tatsächlich versuchten beide, auf den Fuß des anderen zu treten. Plötzlich gab es einen Aufschrei. Heinrich war gestolpert. Er hielt sich an Gretel fest. Das nutzte sie geschickt aus. Alle sahen, wie ihr besticktes Pantöffelchen auf den eleganten Lederschuh Heinrichs trat. Viele riefen: »Er steht unter dem Pantoffel!« Der Priester aber stöhnte nur und sagte: »Endlich haltet ihr still. Also, hiermit erkläre ich euren Ehebund für geschlossen.« Heinrich zierte sich noch ein wenig, aber dann gab er Gretel einen mächtigen Schmatz.

In manchen Gegenden gibt es bis heute den lustigen Tanz am Altar. Es geht darum, wer als Erstes dem anderen auf den Fuß tritt. Angeblich hat derjenige später das Sagen in der Ehe. Erwischt es den Mann, spottet man »Er steht unter dem Pantoffel«. Damit meint man, dass er sich von seiner Frau alles befehlen lässt. Warum man vom Pantoffel spricht? Es sind eher Frauenschuhe, und sie werden meistens im Haus getragen. So standen sie für die Hausfrau und ihre Herrschaft. Vielleicht sollten Männer öfter Pantoffeln tragen. Vor allem bei der Hochzeit.

Mitten hinein oder

INS FETTNÄPFCHEN TRETEN

In einem kleinen Dorf im Erzgebirge kam der Bauer nach Hause. Er hatte es eilig, denn er wollte seiner Frau etwas erzählen. Als er zur Tür hereinstürmte, stolperte er plötzlich. »O nein!«, rief er. »Ich bin ins Fettnäpfchen getreten.«

Früher pflegte man die Schuhe nämlich sehr gründlich. Man fettete sie regelmäßig ein, damit sie lange hielten. Deshalb stand hinter der Tür immer ein kleiner Topf mit Stiefelfett. Natürlich war es nicht schön, da hineinzutreten. Man verschmierte ja damit den Boden und vielleicht die Hose. Wegen dieser Unachtsamkeit entstand die Redensart »ins Fettnäpfchen treten«. Heute bezeichnet sie alle peinlichen Missgeschicke.

Es gibt allerdings noch eine zweite Erklärung. Früher war Butter oder Schmalz sehr teuer. Es wurde in der Speisekammer aufbewahrt und bei Bedarf auf den Tisch gestellt. Ein Fettnäpfchen und ein schmutziger Schuh passten also überhaupt nicht zusammen. Wer es trotzdem fertigbrachte, ins Fettnäpfchen zu treten, der war also unglaublich unachtsam und hatte etwas sehr Peinliches getan.

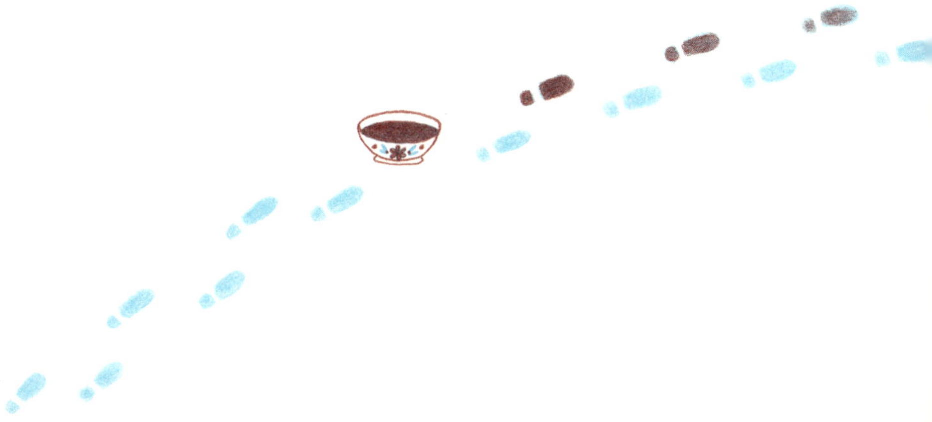

Ohne Gewehr oder

DIE FLINTE INS KORN WERFEN

Sich aus dem Staub machen

Eine große Staubwolke lag über einer Ebene. Von allen Seiten marschierten Soldaten dorthin. Es war Krieg. Jeder hatte eine Flinte über der Schulter. Richtige Uniformen trugen aber nur wenige. Es war vor vielen Hundert Jahren.

Während nun Tausende Soldaten in die Schlacht zogen, machte sich der kluge Hans lieber aus dem Staub. Es lag nämlich so viel Staub in der Luft, dass sein Vorgesetzter die Flucht nicht bemerkte. Hans rannte rasch fort. Er wollte lieber leben und keine Menschen totschießen. Ungefährlich war das aber auch nicht. Soldaten, die vor der Schlacht flohen, wurden erschossen. Jedenfalls dann, wenn man sie erwischte. Also musste Hans unbedingt das Zeichen seines Soldatenstandes loswerden: die Flinte. Da kam er an einem Kornfeld vorüber und warf sie kurz entschlossen hinein. Zwischen den hohen Halmen konnte man sie gar nicht mehr sehen. Doppelt erleichtert ging Hans nun ganz unauffällig weiter, als sei er nie Soldat gewesen.

So wie Hans machten es viele Soldaten. Sie warfen ihre Waffen weg und gaben damit den Kampf auf. Deshalb sagt man heute »Ich werfe die Flinte ins Korn«, wenn man eine Sache oder einen Plan aufgibt. Man sagt aber auch: »Wirf die Flinte nicht ins Korn!« Dann ist es eine Aufforderung, für etwas weiterzukämpfen.

Die Verwandlung oder

EIN HÄSSLICHES ENTLEIN SEIN

In der Nähe eines Entenhofs schlüpften eines Tages die Küken. Mutter Ente quakte vor Glück, denn aus jedem Ei kam ein hübsches Entlein. Nur das größte Ei lag noch unversehrt da. Da musste die Ente weiterbrüten. Endlich pickte ein kleiner Schnabel die Schale entzwei. Aber wie quakte die Entenmutter vor Überraschung, als ein grauschwarzes, hässliches, sehr großes Küken schlüpfte. Es sah zwar ganz anders aus, aber es konnte so gut schwimmen wie die anderen. Da liebte es die Entenmutter wie seine Geschwister.

Eines Tages ging sie mit ihren Kindern auf den Entenhof. Stolz wollte sie ihre Nachkommen zeigen. Alle Küken wurden von den anderen Enten gelobt. Nur das hässliche junge Entlein verspotteten alle. Sie beschimpften es, sie zwickten und schlugen es. Da flatterte es über den Zaun davon, weil es so unglücklich war.

Es begann nun eine schwere Zeit. Erst hätten es fast die Jäger und die Hunde gefangen. Dann kam es zu einer Frau, wo ein Huhn und eine Katze es schließlich vertrieben. Im Winter fror es im See fest. Zum Glück kam ein Bauer, der es befreite und in seiner Stube wieder aufwärmte. Das hässliche junge Entlein hatte so viel Angst, dass es dort alles umstieß und aus dem Haus flüchtete.

Mit Mühe und Not überlebte es den strengen Winter. Der Frühling kam. Alles leuchtete in schönem Grün. Die Sonne schien

wieder. Das hässliche junge Entlein blieb aber traurig. Es wollte nicht länger leben. Als es drei wunderschöne Schwäne sah, flog es zu ihnen hin. Es dachte: »Wenn sie mich hässliches Tier sehen, werden sie mich sicher töten.« Doch wie erstaunt war es, als es dicht bei den Schwänen den Kopf zum Wasser neigte. Das hässliche junge Entlein sah im Wasserspiegel einen herrlichen jungen Schwan. Es rief: »Oh, es macht nichts, auf einem Entenhof geboren zu sein, wenn man nur in einem Schwanenei gelegen hat.« Der junge Schwan war endlich glücklich.
Hans Christian Andersen hat dieses Märchen erfunden. Und seinetwegen sagt man, wenn unter vielen hübschen Menschen oder Tieren ein Exemplar anders aussieht: »Das ist ein hässliches Entlein.« Leider denken wenige dabei an das schöne Ende des Märchens.

Glück gehabt oder

DURCH DIE LAPPEN GEHEN

Das kleine Reh hörte an einem schönen Morgen viele Menschen im Wald. »Was wollen die hier?«, fragte es seine Mutter. Die wusste es aber auch nicht. Aus einem Versteck heraus sahen sie, dass die Menschen lange Seile zwischen den Bäumen spannten. An die Seile hängten sie große weiße Lappen. Vor denen erschraken die Tiere sehr. Riesige Köpfe mit riesigen Augen und riesigen Zähnen waren nämlich darauf gemalt. Das kleine Reh und seine Mutter wollten zur anderen Seite des Waldes hinaus. Da wehten aber schon dieselben erschreckenden

Tücher zwischen den Bäumen. Von hinten hörten sie Geschrei und Lärm. Eine Menge Menschen kam von dort und trieb alle Tiere vor sich her. Das kleine Reh und seine Mutter liefen vor den lauten Menschen weg. Doch vor sich hörten sie plötzlich Schüsse. Sie rannten direkt auf die Jäger zu. Im letzten Moment rief die Mutter: »Komm schnell!« Mutig lief sie auf die großen Lappen zu und zwischen ihnen hindurch in Freiheit und Sicherheit. Hinter ihnen schrie ein Jäger ärgerlich: »Die sind uns durch die Lappen gegangen!«

Und wegen dieser beliebten Jagdmethode sagt man noch heute, wenn einem der sicher geglaubte Gewinn entgeht: »Das ist mir durch die Lappen gegangen.«

Dumme Hilfe oder

EINEN BÄRENDIENST ERWEISEN

Vor langer Zeit lebte ein Gärtner in der Nähe eines Waldes. Dort ging er gerne spazieren. Eines Tages fand er einen kleinen Bären. Seine Mutter war tot, und er jammerte sehr. »Hast du wohl Hunger, kleiner Bär?«, fragte der Gärtner. Da nahm er ihn mit zu sich und gab ihm zu fressen.
Nach einem Jahr war aus dem kleinen Bären ein schöner großer Bär geworden. Der lief neben dem Gärtner her, brav wie ein Hündchen. Denn der Bär war dem Gärtner sehr dankbar.
Als der Gärtner einmal im Garten schlafen wollte, störte ihn immer wieder eine Fliege. Mal setzte sie sich auf seine Hand, mal auf die Ohren und schließlich auf seine Nase. Sie ließ sich einfach nicht verscheuchen. Das sah der Bär. Er nahm also einen großen Stein und warf damit die Fliege tot. Die Fliege hatte aber auf der Nase des Gärtners gesessen. Und der war nun auch tot.
Wenn ein Freund einem anderen helfen möchte, aber nur Unheil anrichtet, erinnerte man sich immer wieder an diese Geschichte. Deshalb sagt man bis heute: »Er hat ihm einen Bärendienst erwiesen.«

Auf der Sonnenseite!

9. Redensarten zu Glück, Gewinn und Erfolg

EIN GLÜCKSPILZ SEIN

Im Sommer brennt die Sonne oft lange auf Stadt und Feld und Wiese und Wald. Alles ist heiß und trocken. Zum Glück kommt manchmal ein Gewitter mit schwarz geballten Wolken und donnert und blitzt und schüttet Regenmassen auf die Erde. Dann sprießen die Blumen. Dann knospen die Bäume. Dann riecht es im Wald ganz wunderlich. Auf einmal wachsen über Nacht Stiele empor und Schirme. Knollige, buschige, gräuliche, bräunliche, orangefarbene, kleine und riesengroße Pilze, wo vorher nur staubiger Waldboden war.
Das wirkt wie Zauberei, weil es so plötzlich geschieht, wie aus dem Nichts. Und wenn jemand plötzlich Glück hat, obwohl er nichts dafür getan hat, ist es so, als sei er mit Hilfe des Glücks wie ein Pilz emporgeschossen. Wie ein Glückspilz eben.

Gut aufgestellt oder

DAS EI DES KOLUMBUS

Christoph Kolumbus war ein großer Seemann und Entdecker. Mit drei kleinen Schiffen fuhr er über den Atlantik. Nach vielen Tagen Wasserwüste entdeckte er 1492 endlich einige Inseln, später dann Amerika. Das machte Kolumbus berühmt. Sogar hohe Herren luden ihn nach seiner Rückkehr ein.
Bei einem Festessen spottete man aber über ihn. Ein Adliger meinte: »Eigentlich war das doch gar nicht schwer. Sie, werter Herr Kolumbus, sind einfach ein paar Tage über das Meer gefahren und sind auf Amerika gestoßen. Das hätte doch jeder gekonnt!« Kolumbus ärgerte sich über diese Worte. Wie sollte er beweisen, was er geleistet hatte?
Da hatte er eine Idee. Er nahm ein gekochtes Ei und bat den Spötter, es hinzustellen. Der versuchte es, aber immer wieder rollte es davon. Da bat Kolumbus die anderen anwesenden Herren, es hinzustellen. Auch ihnen gelang es nicht. Kolumbus sagte nur: »Schaut einmal genau her!« Dann schlug er es vorsichtig mit dem stumpfen Ende auf die Tischplatte. So bildete sich unten eine Fläche. Das Ei stand nun wie eine Eins. Da riefen die hohen Herren: »Ja, so können wir es auch!« Kolumbus antwortete lächelnd: »Aber nur, weil ich es vorgemacht habe.«
Und seitdem spricht man, wenn einer eine genial einfache Lösung gefunden hat, vom »Ei des Kolumbus«.
Ach ja, »wie eine Eins stehen« sagt man, weil die Zahl eins so schön gerade ist.

Tierisches Glück oder

DEN VOGEL ABSCHIESSEN

Schwein haben

Eines schönen Sonntags trafen sich wie jedes Jahr die Schützen im Dorf. Jeder hatte sein Gewehr mitgebracht. Jeder wollte zeigen, wie gut er damit das Ziel treffen könnte.
Als Erster trat Hans aus der Reihe und legte sein Gewehr an. Er schoss – vorbei. Vielleicht hatte er vor Aufregung gezittert und deshalb nichts getroffen. Als Zweiter kam Helmut. Er wartete einen Moment, um ruhiger zu werden. Doch auch er traf das Ziel nur am Rand. So ging es eine ganze Weile. Es war wie verhext. Niemand traf richtig.
Dann stellte Ludwig sich auf. Er zögerte keinen Moment, legte sofort an und traf. Alle jubelten. Ludwig hatte den Vogel abgeschossen. Genauso sah das Ziel nämlich aus. Ein Vogel, der aus Holz geschnitzt war. Und deshalb sagte man lange, wenn jemand der Beste war oder etwas ganz Besonderes getan hatte: »Der hat den Vogel abgeschossen.« Heute verwendet man es meistens als spöttisches Lob. Wenn jemand etwas bewundernswert Seltsames getan hat, auf das niemand sonst käme.
Und der arme Hans? Der hatte Glück im Unglück. Der schlechteste Schütze bekam nämlich immer ein kleines lebendes Schwein geschenkt. Das war der Trostpreis. Aber ein Spottpreis war es auch. Erst später sagte man »Schwein haben«, wenn jemand etwas unverdient bekam. Heute bedeutet das Schwein nur noch, dass man Glück hat.

Eine kleine Wohnung für Verrückte oder

AUS DEM HÄUSCHEN SEIN

In der kleinen Stadt rannte ein merkwürdiger Mann umher. Er hatte ein Halsband um und lief auf allen vieren. Dabei grunzte er. Manchmal bellte und krähte er auch. Oder er rief etwas, das wie »Rallalala Holterling« klang. Ein anderer Mann verfolgte ihn und rief den Bewohnern zu: »Passt auf! Der Narr ist aus dem Häuschen!« Auf dem Markt der kleinen Stadt erwischte er ihn schließlich und sagte mit sanfter Stimme: »Sei brav und lieb!« Dann band er ihm ein Seil ans Halsband und führte ihn heim. Das Heim des Verrückten war ein sehr kleines Haus, fast eher eine Hütte. Dort musst er hinein und in eine Kammer. Die wurde abgeschlossen.

So ging man vor über zweihundert Jahren noch mit Menschen um, die eine Geisteskrankheit hatten. Man sperrte sie ein. Weil man nicht viel Geld dafür ausgeben wollte, waren es kleine Häuser. Die nannte man »Narrenhaus«, »Irrenhaus« oder einfach »Häuschen«. Die Geisteskranken bezeichnete man als »Häusler«.

Wenn sich nun einer richtig freut, dann heißt es auch: »Er freut sich wie verrückt.« Oder: »Er freut sich wahnsinnig.« Damit will man ausdrücken, dass die Freude alles Normale übersteigt. Und deshalb sagt man auch: »Ich bin aus dem Häuschen.« Da vergleicht man sich mit einem Verrückten aus dem Irrenhaus. Das Wort »toll« heißt übrigens ursprünglich auch »verrückt«.

Spuckewünsche oder

TOI, TOI, TOI

Im Theater sitzen sehr viele Menschen. Ein neues Stück mit dem Titel »Krebssuppe« soll gleich beginnen. Hinter der Bühne stehen die Schauspieler beieinander. Alle sind aufgeregt. Sie umarmen sich. Jeder hält dabei den Kopf über die Schulter des anderen und sagt: »Toi, toi, toi!« Niemand bedankt sich. Angeblich bringt das nämlich Unglück.

Warum man »toi, toi, toi« sagt? Eigentlich hat es mit der Spucke zu tun. Schon im Mittelalter dachte man, dass man mit Ausspucken böse Geister fernhalten könnte. Wünschte man jemandem etwas Gutes, spuckte man deshalb dreimal aus. Drei gilt als eine heilige und wunderkräftige Zahl. Das Spucken sollte neidische Geister abschrecken.

Später schämten sich die Bürger ein wenig, öffentlich auszuspucken. Sie taten also nur noch so. Dabei machten sie mit den Lippen ein Geräusch, das wie »thh, thh, thh« klang. Daraus entwickelte sich dann »toi, toi, toi«. Das soll nicht mehr die bösen Geister vertreiben, sondern Glück bringen.

Der feurige Vogel oder

WIE PHÖNIX AUS DER ASCHE

Fern im Osten lebte ein seltsamer Vogel. Er hieß Phönix. Als er alt und müde geworden war, flog er zu einem bestimmten Baum. Dort baute er sich ein Nest. Dann erwartete er den Aufgang der Sonne. Ihre ersten Strahlen setzten den Phönix in Brand. Flammen schlugen aus seinem Gefieder. Der Vogel wehrte sich aber nicht. Er streckte sich sogar der Sonne entgegen. Da brannte er bald ganz und gar. In kurzer Zeit war nur noch seine Asche übrig. Doch in der Asche regte sich plötzlich etwas. Ein Kopf erschien, ein Körper, Flügel, schließlich die Füße. Ein neuer Phönix stand da, ganz jung und kräftig. Der flog fröhlich davon. Und so tat er es alle fünfhundert Jahre.

Deshalb sagt man heute »wie Phönix aus der Asche«. Damit beschreibt man zum Beispiel jemanden, der nach einer schweren Niederlage ganz unerwartet wieder Erfolg hat.

Der treueste Begleiter oder

ÜBER SEINEN SCHATTEN SPRINGEN

Wenn der Mond scheint, ist er da. Wenn die Sonne lacht, erst recht. Und wenn irgendwo ein Licht an ist, sieht man ihn ebenfalls: den Schatten. Unser ganzes Leben lang geht er treu mit uns mit. Deshalb haben ihn die Menschen verehrt, aber auch gefürchtet. Spannende Geschichten erzählen davon, wie jemand seinen Schatten verliert oder ihn verkauft. Manchmal wird der Schatten dabei mächtiger als sein Besitzer. Einige Menschen meinten früher, der Schatten sei mit seinem Besitzer so eng verbunden wie sein inneres Wesen.
Darauf bezieht sich das Sprichwort: »Es ist unmöglich, über seinen Schatten zu springen.« Damit meinte man einerseits das wirkliche Springen. Andererseits hieß es, dass niemand gegen seinen Charakter handeln könne.
Daraus entwickelte sich die Redensart »über seinen Schatten springen«. Das sagt man noch, wenn ein Mensch etwas tut, obwohl er sich dazu überwinden muss, obwohl es seiner Natur widerspricht. Oft fordert man jemanden auch dazu auf: »Nun spring doch über mal deinen Schatten!« Ob die Wirkung der Selbstüberwindung gut oder schlecht sein wird, weiß man vorher nicht. Überraschend ist sie fast immer.

Der Freund am richtigen Ort oder

BEI JEMANDEM EINEN STEIN IM BRETT HABEN

Kennst du das Spiel Backgammon? Das ist schon viele Jahrhunderte beliebt. Das Spielfeld sieht lustig aus mit seinen vielen Zacken. Man kann mit Spielsteinen eine Art Hindernis für den Gegner bauen. Das nannte man einen »Bund« oder »einen guten Stein im Brett haben«.
Gute Freunde in einflussreichen Stellungen konnten auch als Hindernis für die Gegner wirken. Sie schützten einen, wie einen die Stellung der Spielsteine schützte. Deshalb sagte man zum Beispiel »Jemand hat einen Stein im Brett am Kaiserhof«. Ein guter Freund passte also am Kaiserhof auf, dass kein Gegner etwas Böses gegen einen tun konnte. Und heute sagt man einfach »Jemand hat bei einem anderen einen Stein im Brett«, wenn der eine gute Meinung von einem hat oder man bei ihm noch etwas gut hat.

Zu viel Wasser macht krank oder

SEIN SCHÄFCHEN INS TROCKENE BRINGEN

Der Fluss war über die Ufer getreten. Immer mehr Schmelzwasser ließ ihn anschwellen. Inzwischen hatte er schon die Weiden mit den Schafen überschwemmt. Die mähten kläglich. Wie gut, dass Bauer Jonathan und sein Hund Max endlich kamen. Zusammen trieben sie die Schafe von der nassen Weide fort. Nur zwei Kilometer entfernt besaß Jonathan zum Glück ein höher gelegenes Stück Land. Dort konnten die Schafe im Trockenen stehen. Jonathan schloss hinter dem letzten Schaf das Gatter. Max sprang einfach über den Zaun zu ihm. Jonathan kratzte sich zufrieden den Kopf und sagte zu Max: »Na, jetzt haben wir unsere Schäfchen ins Trockene gebracht. Hier sind sie sicher vor dem schlimmen Leberegel. Auf den feuchten Wiesen hätte sie der Schädling wahrscheinlich befallen.«
Tatsächlich sind Schafe auf überschwemmten Wiesen gefährdet. Der Leberegel kann ihnen sehr schaden. Wenn jemand also »seine Schäfchen ins Trockene gebracht hat«, dann ist alles in Sicherheit. Heute meint man damit, dass jemand sich um seinen Besitz gut kümmert und seinen Vorteil wahren kann. Vielleicht sogar etwas mehr, als ihm zusteht.

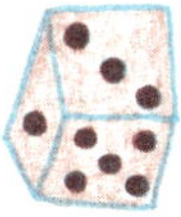

Das Recht des Stärkeren oder

DEN LÖWENANTEIL BEKOMMEN

Einmal gingen der Fuchs, der Esel und der Löwe auf die Jagd. Gerade weil sie so unterschiedliche Jagdmethoden hatten, machten sie fette Beute. Da sprach der Löwe zum Esel: »Teile du die Beute unter uns auf.« Der Esel machte seine Sache ganz genau. Es gab drei gleiche Teile. Der Löwe sah das, sprang brüllend auf den Esel zu und riss ihn in Stücke. »Teile du!«, sagte dann der Löwe zum Fuchs. Der zerrte den toten Esel samt seinem eigenen Anteil zur Beute des Löwen und sagte: »Das ist dein Anteil. Vielleicht überlässt du mir aber ein bisschen, weil ich geteilt habe?« Der Löwe brummte zufrieden und fragte den Fuchs: »Wer hat dir beigebracht, so weise zu teilen?« – »Der Esel!«, sagte der Fuchs.

Wegen dieser berühmten Fabel heißt es noch heute, wenn jemand das Allermeiste erhält: »Er bekommt den Löwenanteil.«

Wo die Gefahr wächst, wächst das Rettende auch

10. Redensarten über bedrohliche Situationen und Vorsicht

Gefahr erkannt, Gefahr gebannt oder

HOLZAUGE, SEI WACHSAM!

Susanne war Lehrling bei einem Schreiner. Damit sie alles richtig machte, achtete Meister Schmidt genau auf sie. Zuerst sollte sie Bretter ordentlich glatt hobeln. Dazu bekam sie einen schönen alten Hobel. Susanne übte an einem Stück Abfallholz. Da machte es nichts, wenn sie aus Versehen mit dem Hobelmesser eine Kerbe hineinschnitt. Dann bekam sie ein richtiges, langes Brett. Es war recht rau. Wo Susanne gehobelt hatte, fühlte es sich aber wunderbar glatt an. Plötzlich rief Meister Schmidt: »Holzauge, sei wachsam!« Susanne hörte sofort auf zu hobeln. Sie sah in dem Brett eine dunkle runde Stelle. Da war früher ein Ast aus dem Stamm gewachsen. Die Stelle ähnelte wirklich einem Auge im Holz. Meister Schmidt erklärte: »Bei den Holzaugen musst du gut aufpassen. Das Holz ist dort oft hart und schwer zu bearbeiten. Wenn du da unaufmerksam bist, verkantest du den Hobel leicht. Dabei verdirbst du schnell das Brett, weil du zu tief hobelst. Oder du verletzt dich vielleicht.«
Im Schreinerhandwerk ist es also ein wichtiger Warnruf, wenn man sagt »Da ist ein Holzauge! Sei wachsam!«. Das sagt man noch heute, wenn man will, dass jemand aufpasst.

Die Macht der Bilder oder

MAL DEN TEUFEL NICHT AN DIE WAND!

Eines Morgens trat Lehrer Rohrer vor die Tür. Da standen schon die Nachbarn und lachten. »Na«, sagte ein Mann, »da wünscht Sie wohl jemand zum Teufel.« Der Lehrer Rohrer sah auf die Wand. Ein schön gemalter Teufel schaute zurück. »Das hat bestimmt der kleine Michel gemacht!«, schimpfte der Lehrer. »Der kann aber gut zeichnen!«, sagte eine Frau. Der Lehrer Rohrer rief: »Wenn man vom Teufel spricht, kommt er gerannt. Da ist ja der kleine Michel. Komm mal her!« Ganz ruhig ging Michel zum Lehrer. »Hast du das gemacht?«, fragte der. »Ja!«, antwortete Michel. »Aber Sie haben es mir selbst gesagt, Herr Lehrer.« – »Was habe ich? Niemals!« – »Doch, doch«, sagte Michel. »Gestern meinte die Kathrin: ›Heute fragt dich der Rohrer ab.‹ Ich hab gesagt: ›Mal den Teufel nicht an die Wand!‹ Das haben Sie gehört, Herr Lehrer. Und Sie haben gesagt, dass man nicht abergläubisch sein soll. Nur dumme Leute glaubten, dass man den Teufel oder ein Unglück mit Worten oder Bildern herbeilocken könne.« – »Ja und?«, fragte der Lehrer Rohrer. »Dann haben Sie gesagt: ›Ihr könnt den Teufel hinmalen, wo ihr wollt. Es passiert nichts!‹ Und das habe ich getan.« Da lachten alle Nachbarn. Und weil der Lehrer Rohrer klug war, lachte er mit.

Viele Menschen sind ein wenig abergläubisch. Deswegen sagen sie, wenn jemand von einem möglichen Unglück spricht: »Mal den Teufel nicht an die Wand!«

Der Schreck danach oder

EIN RITT ÜBER DEN BODENSEE

Winter war's und mächtig kalt. Da musste ein Mann zum Bodensee und über ihn hinweg ans andere Ufer reisen. Er sattelte sein Pferd und ritt durch Eis und Schnee, durch Nebelschwaden und Graupelschauer. Der Weg war schlecht zu sehen. Dem Reiter wurde nach und nach langweilig. Er hoffte, bald den See zu erreichen. Dort wollte er ein Schiff ans andere Ufer nehmen. Doch dann brach auch noch der Abend herein, so dass er fast nichts mehr sehen konnte. Misstrauen und Angst krochen in ihn hinein. Die Strecke erschien ihm unerklärlich lang. Eigentlich hätte er schon am Ufer sein müssen. Auf einmal änderte sich der Klang der Pferdehufe im Schnee. Statt dumpf klang es hell. Und immer noch kein Licht! Nichts war zu hören von Mensch oder Tier. Nur weite, dunkle, baumlose, hauslose, menschenleere Fläche. Endlich, es war schon längst Nacht, tauchten Lichter im Dunkel auf. Bald erkannte er Häuser und fühlte sich erleichtert. Aus einem Fenster schaute ein Mädchen. Das fragte der Reiter, wie weit es noch bis zum Ufer sei und ob er dort ein Schiff finden könne. Er wolle über den See.

Das Mädchen erschrak und blieb erst stumm. Dann sagte es: »Du bist schon am anderen Ufer. Der Bodensee ist zugefroren, was fast nie geschieht. Du bist nicht über Land, du bist über sein Eis und schreckliche Tiefen

geritten. Das Pferd und du, ihr seid aus größter Gefahr gerettet, denn trügerisch und dünn ist das Eis an vielen Stellen. Was hattet ihr für Schutzengel!« Und das Mädchen rief die anderen Dorfbewohner herbei. Sie erzählte ihnen von dem Wunder, dass der Mann und das Pferd heil über das Bodensee-Eis gekommen wären. Da wollten sie den Reiter in ihre Häuser einladen, wo er essen und trinken sollte.

Doch der Reiter hatte nur den ersten Satz noch richtig gehört. In diesem Augenblick war ihm plötzlich die Todesgefahr bewusst geworden: Statt über sicheren Boden war er über hundert Meter tiefes Wasser geritten! Nur ein wenig Eis hatte zwischen ihm und dem Ertrinken gelegen. Und der Schreck fasste den Reiter mit solcher Macht, dass er vom Pferd fiel und tot liegen blieb.

Diese Geschichte vom »Reiter und dem Bodensee« erzählte der Dichter Gustav Schwab in einem langen, spannenden Gedicht, das viele Menschen lasen und auswendig lernten. Weil es so beliebt war, sagt man seit damals, wenn man etwas sehr Gefährliches unternimmt: »Das ist ein Ritt über den Bodensee.«

Der Notvorrat oder

JETZT GEHT'S ANS EINGEMACHTE

Der Winter war sehr lang und hart. Im Bauernhaus suchte die alte Emma in der Vorratskammer nach etwas Essbarem. Sie murmelte vor sich hin: »Da ist nichts Frisches mehr. Keine Karotten, keine Kohlköpfe, keine Äpfel!« Sie seufzte: »Dann muss ich jetzt ans Eingemachte gehen! Hoffentlich reicht es bis zum Frühling!« Sie bückte sich und holte aus dem Regal ein Glas mit Leberwurst. Dann öffnete sie ein Fass und nahm sich etwas Sauerkraut daraus.

Sehr viele Menschen auf dem Land erlebten vor hundert Jahren noch den Winter auf diese Weise. Es gab keine Supermärkte. Man lebte von seinen Vorräten. Erst aß man das Frische auf. Dann kam das Eingemachte dran. Das hatte man im Herbst durch Kochen haltbar gemacht. Man lagerte es in Tonkrügen, Fässern oder Gläsern. Weil die Vorräte zum Überleben so wichtig waren, bildete sich die Redensart heraus »ans Eingemachte gehen«. Damit meint man »sich dem Wichtigsten zuwenden« oder »das Entscheidende anpacken«.

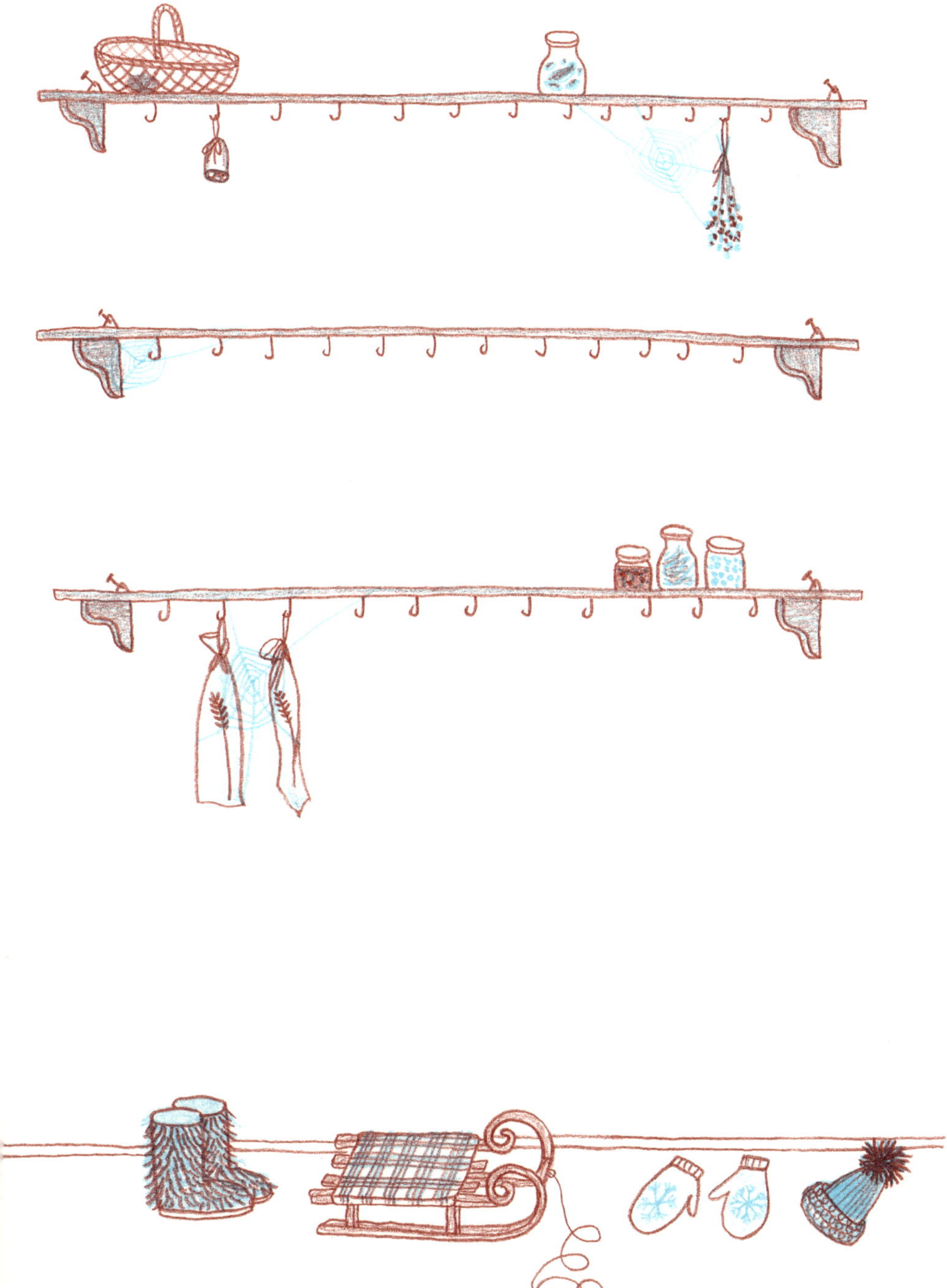

Der Vorteil langer Haare oder

SICH AM EIGENEN ZOPF AUS DEM SUMPF ZIEHEN

Vor langer Zeit lebte der Baron von Münchhausen. Der erzählte seinen Freunden wie jeden Abend eines seiner unglaublichen Abenteuer: »Ich ritt einmal mit meinem Pferd über eine Wiese. Da kam ich an einen Sumpf. Über den wollte ich einfach mit dem Pferd springen. Im Sprung merkte ich aber, dass es nicht reichen würde. Also wendete ich rasch mein Pferd in der Luft. So kam ich glücklich wieder auf der Wiese an. Nun nahmen wir einen großen Anlauf und galoppierten auf den Sumpf zu. Aber es reichte wieder nicht. Platsch, landeten wir im Morast. Der war so weich, dass wir langsam versanken. Schon stand mir der Schlamm bis zu den Knien. Dann bis zur Hüfte. Und das arme Pferd! Es hob verzweifelt den Kopf. Im letzten Moment fiel mir mein schöner langer Zopf ein. Daran packte ich mich. Dazu presste ich die Schenkel fest zusammen und zog mich selbst und das Pferd aus dem Sumpf heraus.« Die Freunde Münchhausens lachten sehr über die lustige Lügengeschichte. Denn natürlich ist es unmöglich, sich selbst hochzuheben.

Die Geschichte von Münchhausen und dem Sumpf erzählte man sich oft und in ganz Europa. Es tröstet, wie der Baron von Münchhausen selbst in auswegloser Lage den Humor nicht verliert und sogar eine Rettung findet. Und so entstand die Redensart »sich am eigenen Zopf aus dem Sumpf ziehen«.

In der Tiefe lauert Gefahr oder

DAS IST NUR DIE SPITZE DES EISBERGS

Der Neumond machte die Nacht vom 14. auf den 15. April 1912 besonders dunkel. Da sah an Bord des Passagierschiffs »Titanic« ein Mann im Ausguck einen gewaltigen Eisberg. Das Schiff fuhr auf ihn zu. Sofort meldete der Mann seine Beobachtung. Aber die »Titanic« war ein Schiff von 270 Metern Länge und ungeheuer schwer. So änderte sich ihr Kurs nur langsam. Es schien, als schaffte es die »Titanic«, an dem Eisberg vorbeizufahren. Doch er war viel größer, als es den Anschein hatte. Das Schiff rammte den Eisberg. Unter der Wasseroberfläche schlug der wohl 300000 Tonnen schwere Eisberg Löcher in die Schiffswand. Zweieinhalb Stunden später war die »Titanic« gesunken. Ungefähr 1500 von 2200 Menschen an Bord ertranken.

Das Schicksal der »Titanic« ist wohl das bekannteste Beispiel für den Ausdruck »Das ist nur die Spitze des Eisbergs«. Eis ist etwas leichter als Wasser und schwimmt deshalb. Von einem Eisberg sieht man nur etwa ein Zehntel, neun Zehntel sind unter der Wasseroberfläche. Sie sind nicht zu sehen und deshalb besonders gefährlich. Geschieht etwas Unangenehmes, das wahrscheinlich noch viel unangenehmer werden kann, sagt man deshalb: »Das ist nur die Spitze des Eisbergs.«

Vom schlauen Affen und dem armen Kater oder

DIE KASTANIEN AUS DEM FEUER HOLEN

Vor langer Zeit lebten am Hofe des Papstes in Rom ein Affe und ein Kater. Sie durften in den Zimmern umherstreifen, wurden gefüttert und gestreichelt. Trotzdem hatten sie immer Appetit und machten viel Unsinn.

Als eines Tages die Diener wieder einmal lange wach bleiben mussten, weil der Papst noch spät arbeitete, begannen sie, Esskastanien in der Glut des Kamins zu rösten. Als sie gut rochen und gar waren, holten die Diener einige der heißen Früchte mit ihren Messern aus dem Kamin, um sie zu schälen und zu essen. Doch als sie die ersten gegessen hatten, rief plötzlich der Papst nach ihnen. So mussten sie etliche Kastanien in der Glut zurücklassen.

So gut rochen die Kastanien, dass der Affe und der Kater angelockt wurden. Gern hätten auch sie von den Kastanien gegessen. Aber sie hatten Angst vor der heißen Glut. Da nahm der Affe kurz entschlossen den Kater in die Arme, so dass dessen Rücken auf seiner Brust lag. Dann packte er ein Kater-Vorderbein und fischte mit der fremden Pfote ganz schmerzlos die Kastanien aus dem Feuer. Schmerzlos natürlich nur für ihn, denn der Kater schrie jämmerlich.

Als die Diener das Geschrei hörten, kamen sie gelaufen und sahen, wie der kluge Affe den armen Kater als Werkzeug miss-

brauchte. Sie lachten und dann überließen sie den beiden einige Kastanien. Die verbrannte Katerpfote aber kühlten sie.

Diese seltsame Geschichte wurde sehr oft erzählt und in ganz Europa verbreitet. So sagte man schon bald »für jemanden die Kastanien aus dem Feuer holen«, wenn einer für den anderen Gefahr, Schmerzen oder ein Wagnis auf sich nahm, obwohl derjenige das selbst tun könnte oder müsste. Oder man sagte auch über einen Mächtigen, der einem Untergebenen befiehlt, für ihn etwas Gefährliches zu tun: »Er lässt sich die Kastanien aus dem Feuer holen.«

Ganz vorsichtig! oder

EINEN EIERTANZ AUFFÜHREN

So etwas Seltsames hatte Wilhelm noch nicht gesehen. Ein Mädchen, das Eier in einem bestimmten Muster auf den Teppichboden legte. Dann nahm es ein Tuch und band es sich um die Augen. Obwohl sie nichts sehen konnte, begann sie zwischen den Eiern zu tanzen. Sie bewegte ihre Füße und die Beine dabei schnell und kraftvoll. Wilhelm sah schon lauter zertretene Eier vor sich. Das Mädchen aber tanzte sicher zwischen ihnen hin und her. Es berührte sie nicht ein einziges Mal. Das war ein wunderbares Kunststück. Wilhelm vergaß den Tanz sein ganzes Leben nicht. Er bat danach das Mädchen immer wieder einmal, den Eiertanz zu wiederholen.

Diese Geschichte erzählte Johann Wolfgang von Goethe. Sehr viele lasen sie. Und so verbreitete sich der Ausdruck »einen Eiertanz aufführen«. Man meinte damit, dass jemand sich sehr vorsichtig verhalten muss und auf alles Rücksicht nehmen. So wie ein Mensch bei diesem speziellen Tanz auf die Eier Rücksicht nehmen muss, wenn er im Gegensatz zu dem Mädchen kein Meister ist. Weil so ein Tanz kompliziert ist, sagt man manchmal auch zu einem sehr umständlichen Menschen: »Führ keinen Eiertanz auf!«

Zum Schluss eine Wundertüte!

11. Redensarten zu unterschiedlichen Anlässen

Familienähnlichkeit oder

DER APFEL FÄLLT NICHT WEIT VOM STAMM

Der kleine Josef schlich eines Abends in den Garten und kletterte über den Zaun zum Nachbarn. Dort wuchs ein buschiger Apfelbaum voller Früchte. Josef schaute sich um. Dann pflückte er einen Apfel nach dem anderen. Einer fiel ihm ins Gras. Als er ihn aufheben wollte, fasste ihn plötzlich eine starke Hand. Jemand sagte: »Hab ich dich erwischt! Da schau her. Der kleine Josef von nebenan. Das hätte ich mir denken können. Schon dein Vater hat mein Obst gestohlen. Tja: Der Apfel fällt nicht weit vom Stamm.« Es war der alte Nachbar, der Josef am Kragen festhielt. Josef sagte: »Das kommt doch auf den Apfelbaum an.« »Was?«, fragte der Nachbar. »Ob der Apfel weit vom Stamm fällt. Wenn der Baum lange Äste hat, fällt der Apfel weit vom Stamm. Jedenfalls, wenn er weit außen hängt.« Der Nachbar meinte: »Das sagt man doch nur so. Es bedeutet, dass ein Kind seinen Eltern ähnelt. Wie eben der Apfel nicht weit vom Apfelbaum fallen kann. Der ist ja gleichsam das Kind des Apfelbaums. Man kann von ihm auf den Baum schließen. Dein Vater hat schon meine Äpfel gestohlen. Du stiehlst sie nun auch.« »Aber«, sagte Josef, »wenn ich Ihnen helfe, das Laub im Garten zu fegen?« Da lachte der Nachbar: »Das hat dein Vater damals auch gesagt. Na, dann komm in vier Wochen wieder. Und die heruntergefallenen Äpfel darfst du auch in Zukunft nehmen.«

Gut versteckt oder

DIE NADEL IM HEUHAUFEN SUCHEN

Es war einmal ein junger Mann. Den nannte man den gescheiten Hans. Das war aber nicht ernst gemeint. Er wollte zwar klug handeln, doch was er auch tat, alles war ziemlich dumm. Als ihm seine Liebste eine Nadel schenkte, da steckte er sie in den Heuwagen. So musste er sie nicht tragen. Den winzigen Vorteil erkaufte er sich aber durch einen großen Nachteil. In dem großen Haufen Heu konnte er die kleine Nadel natürlich nicht wiederfinden.

In ihrem Märchen vom »Gescheiten Hans« erzählen die Brüder Grimm diese Geschichte. Das Märchen hat die Redensart »eine Nadel im Heuhaufen suchen« sicher weit verbreitet. Sie ist aber eigentlich viel älter. Schon davor sagte man »etwas wie eine Nadel suchen«, weil die Nadeln so winzig sind und sich oft unauffindbar verstecken. Da war der Heuhaufen nur noch eine lustige Erweiterung. In diesem Halmchaos eine Nadel zu finden war schlicht unmöglich. Deshalb sagt man auch heutzutage noch »die Nadel im Heuhaufen suchen«, wenn die Wahrscheinlichkeit, etwas zu finden, sehr gering ist.

Der kleinste und der größte zugleich:

AM KATZENTISCH ESSEN / SITZEN

Zu Großmutters siebzigstem Geburtstag kamen alle Verwandten und Freunde. Über dreißig Gäste füllten die Wohnung. Wo sollten die nur alle Kaffee trinken und Torte essen?
Da rief die Oma: »Im Wohnzimmer ist Platz für die Erwachsenen. Die Kinder essen in der Küche am Katzentisch.«

Dem kleinen Michel gefiel das gar nicht. Er beschwerte sich: »Ich bin doch keine Katze!« – »Doch«, sagte die Oma, »eine Naschkatze auf jeden Fall! Aber deshalb heißt es nicht Katzentisch. Der Tisch für die Katzen war früher einfach der Fußboden. Damals hatten die Katzen keine Extra-Schüsselchen. Was vom Essen übrig blieb, ließ man ihnen einfach auf den Boden fallen. In alten Zeiten gab es aber neben den Tischen für die Erwachsenen auch Tische für Kinder oder Diener. Die waren immer niedrig, fast so niedrig, dass die Katzen daran essen konnten. Außerdem bekam man dort oft weniger feine Sachen. Meist nur das, was übrig blieb: wie bei den Katzen. Und deshalb sagt man Katzentisch.«

Michel war noch nicht ganz zufrieden. Er fragte: »Und bekommen wir auch nur die Reste?« – »Nein!«, sagte die Oma, »Ihr bekommt sogar das Beste.«

Das sichere Zeichen oder

DER ROTE FADEN, DER SICH DURCH ETWAS ZIEHT

An einem nebligen Novembermorgen war Bernard Banks, Kapitän eines Segelschiffes der englischen Flotte, sehr wütend. Er schrie: »Zum Henker! Schon wieder fehlen zwei dicke Rollen Seile! Wenn ich diese verdammten Diebe erwische, bringe ich sie eigenhändig vor Gericht.« Der Steuermann versuchte, den Kapitän zu beruhigen. »Regen Sie sich nicht auf, Kapitän! Es hat keinen Zweck. Selbst wenn Sie die Diebe erwischen sollten, können Sie doch nichts beweisen. Alle Seile sehen gleich aus.« Der Kapitän gab sich damit nicht zufrieden: »Dann werden wir unsere Seile einfach rot färben.« Der Steuermann lachte: »Das ist doch unmöglich, Kapitän! Stellen Sie sich mal vor, wie das aussieht: ein Schiff voller roter Seile zwischen den Masten, an den Segeln, an Deck! Für ein königliches Kriegsschiff wie unseres ist das lächerlich und vielleicht sogar gefährlich.« Da hatte der Kapitän eine Idee: »Dann müssen wir einfach bei allen neuen Seilen in der Mitte einen roten Faden einweben. Den sieht man von außen nicht. Wenn jemand unsere Seile klaut, müssen wir nur nachschauen. Hat es einen roten Faden, gehört es uns. Man kann ihn auch nur entfernen, wenn man das ganze Seil auflöst. Dann ist es aber unbrauchbar.«

Der Steuermann freute sich: »Tolle Sache, Kapitän! Das müssen wir allen anderen Mannschaften der Flotte auch vorschlagen. Eine perfekte Diebstahlsicherung.«

Und so kam es auch. Alle Seile der königlichen englischen Flotte bekamen vor ein paar Hundert Jahren einen roten Faden in der Mitte eingewebt. Vor zweihundert Jahren schrieb der Dichter Johann Wolfgang von Goethe von dieser prima Idee in einem Buch. Er verglich den roten Faden im Seil mit einem zentralen, grundsätzlichen Gedanken, der sich durch eine Rede oder durch einen Text zieht. Und so wurde der rote Faden bei uns sprichwörtlich.

Das Spielzeug des Königs oder

BIS IN DIE PUPPEN

Im Königreich Preußen lebte vor dreihundert Jahren ein Prinz, der hieß Friedrich. Sein Vater König Friedrich Wilhelm war sehr streng. Er wollte, dass seine Kinder immerzu lernten, besonders aber der kleine Friedrich. Er sollte nämlich einmal der nächste König werden. Friedrich stritt oft mit seinem Vater. Er wollte gerne Flöte spielen oder malen. Sein Vater verlangte dagegen, dass Friedrich ein guter Soldat werde.

Mit achtundzwanzig Jahren wurde Friedrich endlich König. Nun durfte er selbst bestimmen. Oft führte er Krieg, aber er ließ auch viele Schlösser bauen und herrliche Gärten anlegen. Einer dieser Gärten lag nah bei Berlin. König Friedrich dachte sich: »Ich möchte, dass er besonders schön aussieht. Ich werde dort Figuren aus Stein aufstellen. Die werden griechische Götter darstellen. Die Göttin der Liebe will ich dort sehen, den

Gott der Musik, die Göttin der Weisheit und den Götterboten. Das wird sehr hübsch sein.« So geschah es.
Die Bewohner der Stadt gingen bald zu dem Park. Sie wollten nachsehen, was der König da tat. Als sie die vielen Steinfiguren sahen, machten sie sich darüber lustig. Viele sagten: »Der König ist wie ein Kind. Die Figuren sind seine Puppen, mit denen er spielt.« Ab da wurde der Garten mit den Steinpuppen für die Berliner ein beliebtes Ziel für Ausflüge. Dabei war es eine ziemlich weite Strecke von der Stadtmitte bis zu den Figuren. Man sagte im lustigen Deutsch der Berliner nicht: »Wir gehen zu den Puppen.« Man sagte: »Wir gehen bis in die Puppen.« Bald sagte man ebenso zu anderen weiten Strecken: »bis in die Puppen«. Es dauert aber auch eine lange Zeit, eine weite Strecke zu gehen. Deshalb sagte man wenig später, wenn man lange tanzen wollte: »Ich tanze bis in die Puppen.« Und so sagt man es noch heute.

Riecht ein Euro? oder

GELD STINKT NICHT

Im alten Rom lebte der Kaiser Vespasian. Der hatte zwar viel Macht, aber von seinen Vorgängern auch viele Schulden geerbt. Deshalb versuchte er, mit allen Mitteln Geld zu verdienen. Eine seiner Ideen war besonders gut: Er führte eine Steuer für jedes öffentliche Klo ein. Dort sammelte man nämlich den Urin. Denn mit menschlichem Urin konnte man die Felder düngen. Man konnte ihn bei der Lederherstellung verwenden, beim Färben und als Bestandteil von Medikamenten. Deshalb gab es Leute, welche die öffentlichen Klos pachten wollten. Und dafür mussten sie Kaiser Vespasian regelmäßig Pacht bezahlen.

Des Kaisers Sohn fand das fürchterlich. Er sagte zu seinem Vater: »Wie kannst du so anrüchige Geschäfte machen? Ein Kaiser, der Geld mit Urin verdient – igitt! Das stinkt mir!« Vespasian lachte nur. Er nahm einige der Münzen aus der Urin-Abgabe und hielt sie seinem Sohn unter die Nase. »Riechst du etwas?«, fragte er. »Nein!«, sagte der Sohn. Da lachte Vespasian: »Und es kommt doch vom Urin.«

Wegen dieser Geschichte bildete sich das Sprichwort heraus: »Geld stinkt nicht.« Damit meint man, dass man Geld seine Herkunft nicht anmerkt.

Eine schlimme Strafe oder

HAND UND FUSS HABEN

Im hohen Mittelalter erzählte Werner der Gärtner von einem Jüngling. Er heißt Helmbrecht und ist der Sohn eines Gutsverwalters. Seine Mutter verwöhnt den jungen Helmbrecht und schenkt ihm eine prächtige Haube. Gleich will er auch ein Pferd haben und Ritter werden. Sein Vater warnt ihn vor zu viel Hochmut und Anmaßung. Doch Helmbrecht hört nicht auf ihn. Er zieht in die Welt und gerät an eine Bande von Räubern, die sich selbst Ritter nennen. Helmbrecht fühlt sich am Ziel seiner Träume. Er überredet sogar seine Schwester Gotelint, einen der Räuber zu heiraten. Doch kaum ist die Hochzeit vorüber, verhaftet man sie. Vor Gericht werden die Räuber zum Tode verurteilt. Nur Helmbrecht kommt mit dem Leben davon, aber nicht ohne Strafe. Der Scharfrichter nimmt ihm das Augenlicht. Dann schlägt er ihm eine Hand und einen Fuß ab.

Das sind fürchterliche Strafen mit einer besonderen Bedeutung. Die rechte Hand steht für den ganzen Menschen, für seine Entscheidungskraft und Glaubwürdigkeit. Man schwört ja mit der rechten Hand den Eid. Der linke Fuß ist im Mittelalter besonders wichtig, da man viel mit dem Pferd unterwegs war und den linken Fuß zuerst in den Steigbügel setzte. Auch heute sagt man noch »Etwas hat Hand und Fuß«. Damit meint man, dass etwas durchdacht ist und vernünftig. Ursprünglich bedeutete es »vollständig« und »glaubwürdig« sein. Wie ein ehrlicher Mann eben und nicht wie der junge Helmbrecht.

Aus die Maus oder

DA BEISST DIE MAUS KEINEN FADEN AB

In alten Zeiten waren die Winter grimmig kalt. Der Schnee lag überall in hohen Haufen. Die Teiche und Seen bedeckte blankes, dickes Eis. Alle Bauern und Bauersfrauen arbeiteten im Winter daheim. Sie webten, spannen und nähten. Sie stellten Garn und Fäden her. Im Frühjahr aber hörten sie damit auf und gingen hinaus auf die Felder und in die Gärten. Es gab sogar einen bestimmten Tag, an dem die Winterarbeit endete und die Frühjahrsarbeit begann. Das war der 17. März. An diesem Tag feierten die Bauern den Namenstag der heiligen Gertrud. Diese Heilige war ihnen besonders wichtig, weil sie vor Ratten und Mäusen schützen sollte. Die fraßen gern die Vorräte weg. Auf jedem Bild Gertruds bildete man deshalb eine Maus ab.

Weil am Gertrudstag die Winterarbeit der Bauern aufhörte, sagte man: »Am Gertraudtag läuft die Maus am Spinnrad hinauf und beißt den Faden ab.« Das hieß: »Jetzt ist Schluss mit der Winterarbeit.« Als es nur noch wenige Bauern gab, verstand man den Spruch nicht mehr. Deshalb veränderte man den Spruch und sagte: »Da beißt die Maus keinen Faden ab!« Man meinte damit: An dieser Sache wird nicht das Geringste geändert. Nicht einmal eine kleine Maus beißt nicht einmal einen Faden ab.

REGISTER

ROLF-BERNHARD ESSIG, 1963 in Hamburg geboren, lebt in Bamberg als Autor von Sach- und Hörbüchern, als Kritiker für die wichtigsten deutschsprachigen Zeitungen und als Dozent für Literaturkritik und Literarisches Schreiben. Seit er im Deutschlandradio in der wöchentlichen Kultursendung *Essigs Essenzen* ein Jahr lang jede Frage rund um Sprichwörter und Redensarten beantwortet hat, gilt er als Deutschlands Sprichwörter-Papst. Bei Hanser erschien 2007 sein Jugendsachbuch *Schreiberlust & Dichterfrust. Kleine Gewohnheiten und große Geheimnisse der Schriftsteller.*

MAREI SCHWEITZER, 1973 in Unna geboren, hat in Bremen, Stockholm und Straßburg Grafik-Design, Freie Druckgrafik und Illustration studiert. Nach einem Jahr am Pazifik und einem Jahr am Atlantik lebt sie nun in Hamburg und zeichnet und erzählt Geschichten – am liebsten von Kuchen und Meer – für Zeitschriften und Buchverlage. *Da wird doch der Hund in der Pfanne verrückt* ist ihr erstes Buch bei Hanser.

Essig/Schweitzer € 12,90 [D]
Da wird doch der Hund in der Pfanne verrückt
ISBN 978-3-446-23381-2
Hanser
9 783446 233812